Pina Bausch – Ein Fest. Fotografien von Jochen Viehoff

Mit einem Text von Anne-Kathrin Reif – Übersetzung von Nina Hausmann

Herausgegeben von Meike Nordmeyer und Oliver Weckbrodt – Gestaltet von Helmut Kiesewetter

Mit einem Fest wurde vom 9. – 31. Oktober 1998 in Wuppertal das 25jährige Bestehen des Tanztheaters von Pina Bausch gefeiert. Das Jubiläum war für die Choreographin ein Anlaß, Künstler einzuladen, die sie auf ihren zahlreichen Gastspielreisen kennengelernt hatte und die zu Freunden geworden sind. In Wuppertal wollte sie zeigen, was ihr auf der Welt an Tanz begegnet ist. Es kamen über 400 Künstler aus 21 Ländern, mit denen die 20.000 Gäste feierten. Mit ihrem Festprogramm verfolgte Pina Bausch nicht etwa das Ziel, so etwas wie einen allgemeinen Überblick über die gegenwärtige Tanzszene zu geben, vielmehr traf sie eine Auswahl ganz persönlicher Art. Ihrem Publikum bot sie damit einen unvergeßlichen Reigen, der so Verschiedenes wie HipHop aus Europa und Amerika, klassischen Tanz aus Indien und Kung Fu aus China zusammenführte mit dem, was sie selbst gemeinsam mit ihrem Ensemble geschaffen hat – acht eigene Produktionen wurden vom Tanztheater gespielt. So begegneten sich die Weltstücke der Pina Bausch und die Stücke der Welt im Tal der Wupper.

Jochen Viehoff, der das Tanztheater seit einigen Jahren fotografisch begleitet, erkannte, welche Möglichkeiten dieses Fest eröffnete. In seinen Bildern verdichtet er die Welt der Pina Bausch, die Welt des Tanzes. Entstehen konnte so eine Zusammenschau von Momenten des tiefsten Ausdrucks, die der Mensch in seiner Bewegung entwirft.

Kurz vor Fertigstellung dieses Buches erhielt Jochen Viehoff den Doktortitel im Bereich der Elementarteilchenphysik. Denn Viehoff ist nicht allein Fotograf, sondern auch Wissenschaftler. Konsequent läßt er sich von der Spannung seiner doppelten Begabung leiten. Er arbeitet heute als künstlerisch-wissenschaftlicher Mitarbeiter an der Kunsthochschule für Medien in Köln. Der Physiker Viehoff geht als Fotograf seiner Neugierde auf die sprechenden Gesichter dieser Welt nach. Er zeigt also gerade das, wovon die Wissenschaft erklärtermaßen abstrahiert: das Einzelne, das Besondere in seiner individuellen, momentanen Verfaßtheit, das uns allein anzurühren vermag.

Die vorliegende Sammlung von Bildern ist eine eigenständige künstlerische Arbeit, sie ist nicht als eine Dokumentation des Festes zu verstehen. Eine lückenlose Rückschau wäre ohnehin nicht möglich gewesen, denn einzelne Kompanien erbaten sich, ihre Vorstellungen nicht zu fotografieren. Auch das musikalische Nachtprogramm, das die Festtage entscheidend bereicherte, findet sich im Bildteil nicht wieder, da der Fotograf sich auf den Tanz konzentrierte. Der Text von Anne-Kathrin Reif aber berichtet auch von diesen nächtlichen Konzerten und der ganz besonderen Stimmung, von der das Fest getragen wurde. Den Textteil begleiten daher Bilder, die über die Aufführungen hinaus etwas vom Fest erzählen. Gezeigt werden die Spielstätten, Momente des Beifalls und des Zusammenseins nach den Veranstaltungen.

Für die Gestaltung dieses Buches zeichnet der Wuppertaler Künstler Helmut Kiesewetter verantwortlich. Ihm ist es zu danken, daß dieses Buch nicht nur Kunst zeigt, sondern in seiner einfachen und strengen Gesamtform selbst als ein Stück Kunst zu begreifen ist. Kiesewetter sucht in seinen Arbeiten den Betrachter immer auch durch das gleichzeitige Ansprechen mehrerer Sinne in Bewegung zu bringen. Hier fordert er den Leser zu einem eigenen Kunst-Griff auf: dem Buch liegt eine lose, leere Seite bei, ein unbeschriebenes Blatt. Es kann als Trennblatt dienen für die übereinanderliegenden, durchscheinenden Textseiten. Um eine einzelne Seite zu lesen, wird man angeregt, selbst etwas zu tun: sich zu bewegen. Die verschiedenen Sprachen, in denen der Text geboten wird, überlagern sich. Die Buchstaben und Wörter fügen sich zu einer Gestalt und deuten damit auf das, was das Werk der Pina Bausch für die Welt ist – eine aufrichtige Sprache des menschlichen Ausdrucks, die auf der ganzen Welt verstanden wird.

Meike Nordmeyer, Oliver Weckbrodt

Mit einem Fest wurde das 25jährige Bestehen des Tanztheaters von Pina Bausch gefeiert. Das Jubiläum war für die Choreographin ein Anlaß, Künstler einzuladen, die sie auf ihren zahlreichen Gastspielreisen kennengelernt hatte und die zu Freunden geworden sind. In Wuppertal wollte sie zeigen, was ihr auf der Welt an Tanz begegnet ist. Es kamen über 400 Künstler aus 21 Ländern, mit denen die 20.000 Gäste feierten. Mit ihrem Festprogramm verfolgte Pina Bausch nicht etwa das Ziel, so etwas wie einen allgemeinen Überblick über die gegenwärtige Tanzszene zu geben, vielmehr traf sie eine Auswahl ganz persönlicher Art. Ihrem Publikum bot sie damit einen unvergeßlichen Reigen, der so Verschiedenes wie HipHop aus Europa und Amerika, klassischen Tanz aus Indien und Kung Fu aus China zusammenführte mit dem, was sie selbst gemeinsam mit ihrem eigenen Ensemble geschaffen hat – acht eigene Produktionen wurden vom Tanztheater gespielt. So begegneten sich die Weltstücke der Pina Bausch und die Stücke der Welt im Tal der Wupper.

Jochen Viehoff, der das Tanztheater seit einigen Jahren fotografisch begleitet, erkannte, welche Möglichkeiten dieses Fest eröffnete. In seinen Bildern verdichtet er die Welt der Pina Bausch, die Welt des Tanzes. Entstehen konnte so eine Zusammenschau von Momenten des tiefsten Ausdrucks, die der Mensch in seiner Bewegung entwirft.

Kurz vor Fertigstellung dieses Buches erhielt Jochen Viehoff den Doktortitel im Bereich der Elementarteilchenphysik. Denn Viehoff ist nicht allein Fotograf, sondern auch Wissenschaftler. Konsequent läßt er sich von der Spannung seiner doppelten Begabung leiten. Er arbeitet heute als künstlerisch-wissenschaftlicher Mitarbeiter an der Kunsthochschule für Medien in Köln. Der Physiker Viehoff geht als Fotograf seiner Neugierde auf die sprechenden Gesichter dieser Welt nach. Er zeigt also gerade das, wovon die Wissenschaft erklärtermaßen abstrahiert: das Einzelne, das Besondere in seiner individuellen, momentanen Verfaßtheit, das uns allein anzurühren vermag.

Die vorliegende Sammlung von Bildern ist eine eigenständige künstlerische Arbeit, sie ist nicht als eine Dokumentation des Festes zu verstehen. Eine lückenlose Rückschau wäre ohnehin nicht möglich gewesen, denn einzelne Kompanien erbaten sich, ihre Vorstellungen nicht zu fotografieren. Auch das musikalische Nachtprogramm, das die Festtage entscheidend bereicherte, findet sich im Bildteil nicht wieder, da der Fotograf sich auf den Tanz konzentrierte. Der Text von Anne-Kathrin Reif aber berichtet auch von diesen nächtlichen Konzerten und der ganz besonderen Stimmung, von der das Fest getragen wurde. Den Textteil begleiten daher Bilder, die über die Aufführungen hinaus etwas vom Fest erzählen. Gezeigt werden die Spielstätten, Momente des Beifalls und des Zusammenseins nach den Veranstaltungen.

Für die Gestaltung dieses Buches zeichnet der Wuppertaler Künstler Helmut Kiesewetter verantwortlich. Ihm ist es zu danken, daß dieses Buch nicht nur Kunst zeigt, sondern in seiner einfachen und strengen Gesamtform selbst als ein Stück Kunst zu begreifen ist. Kiesewetter sucht in seinen Arbeiten den Betrachter immer auch durch das gleichzeitige Ansprechen mehrerer Sinne in Bewegung zu bringen. Hier fordert er den Leser zu einem eigenen Kunst-Griff auf: dem Buch liegt eine lose, leere Seite bei, ein unbeschriebenes Blatt. Es kann als Trennblatt dienen für die übereinanderliegenden, durchscheinenden Textseiten. Um eine einzelne Seite zu lesen, wird man angeregt, selbst etwas zu tun: sich zu bewegen. Die verschiedenen Sprachen, in denen der Text geboten wird, überlagern sich. Die Buchstaben und Wörter fügen sich zu einer Gestalt und deuten damit auf das, was das Werk der Pina Bausch für die Welt ist – eine aufrichtige Sprache des menschlichen Ausdrucks, die auf der ganzen Welt verstanden wird.

Meike Nordmeyer, Oliver Weckbrodt

A celebration lasting from October 9 through to October 31 marked the 25th anniversary of the Tanztheater Wuppertal – Pina Bausch in 1998. For the choreographer, this anniversary provided an occasion for inviting artists she had met on her numerous tours abroad and who had become friends. In Wuppertal she wanted to show the dances she had encountered all over the world. More than 400 artists from 21 countries followed her invitation to celebrate with more than 20,000 guests. Notwithstanding the wide scope of the anniversary programme, Pina Bausch by no means claimed to present a general overview over the current scene of dance. She much rather presented choices of a personal nature. A variety of dances ranging from hip-hop from Europe and North America, Classical dance from India to Kung Fu from China combined with all that she and her company had created – the Tanztheater Wuppertal performed eight of their own productions – to sweep the audience off their feet. In the valley of the Wupper river, Pina Bausch's global pieces thus met pieces from all over the globe.

Jochen Viehoff, whose camera has been accompanying the Tanztheater for several years, recognised the possibilities this celebration unfolded. His photographs condense the world of Pina Bausch, the world of dance. Images evolved which reflect moments full of expression, sketched in human motion.

Shortly before the completion of this book, Jochen Viehoff was awarded his doctorate in the field of particle physics. For Viehoff is not only a photographer, he is also a scientist and has always steered by the tension his twofold talent creates. Today, he works as an artistic-scientific fellow at the Kunsthochschule für Medien (School of Art and Media) of Cologne. As a photographer, the physicist Viehoff allows his keen interest in the eloquent faces of this world to guide him. He shows what science, by definition, uses as the basis of her generalisations: the unique, the particular and its individual, transient condition, the only thing that can touch us.

The present collection of photographs represents an independent creation and is not meant to be a documentation of the anniversary celebrations. It would certainly have been impossible to achieve a truly encompassing retrospective, for some companies asked not to take pictures during their performances. Nor do these images reflect the music programme which enriched the long nights of celebration – the photographer's focus is on dance. The text by Anne-Kathrin Reif however tells of these night-time concerts and of the special, buoyant mood pervading these weeks of celebration. It is therefore accompanied by pictures which go beyond the performances to speak of celebration. They show venues, moments of applause, and of simply being together after an event.

The design and layout of this book is the work of the Wuppertal artist Helmut Kiesewetter. Owing to his creativity, this book not only shows art, but is, in its unified total form, itself an art work. Kiesewetter's works always seek to literally move the spectator by stimulating several senses at the same time. His book invites its readers to participate: it contains a loose, empty sheet, a blank, inserted between the pages, it separates the transparent layers of text. In order to read the individual page, we are invited to become active: to move. Two different languages form sedimentary strata of text. Words and letters fall into place, form a shape and in this reflect what the work of Pina Bausch is for the world – a truthful language of human expression people all over the world can understand.

Meike Nordmeyer, Oliver Weckbrodt

Translated by Nina Hausmann

A celebration lasting from October 9 through to October 31 marked the 25th anniversary of the Tanztheater Wuppertal – Pina Bausch in 1998. For the choreographer, this anniversary provided an occasion for inviting artists she had met on her numerous tours abroad and who had become friends. In Wuppertal she wanted to show the dances she had encountered all over the world. More than 400 artists from 21 countries followed her invitation to celebrate with more than 20,000 guests. Notwithstanding the wide scope of the anniversary programme, Pina Bausch by no means claimed to present a general overview over the current scene of dance. She much rather presented choices of a personal nature. A variety of dances ranging from hip-hop from Europe and North America, Classical dance from India to Kung Fu from China combined with all that she and her company had created – the Tanztheater Wuppertal performed eight of their own productions – to sweep the audience off their feet. In the valley of the Wupper river, Pina Bausch's global pieces thus met pieces from all over the globe.

Jochen Viehoff, whose camera has been accompanying the Tanztheater for several years, recognised the possibilities this celebration unfolded. His photographs condense the world of Pina Bausch, the world of dance. Images evolved which reflect moments full of expression, sketched in human motion.

Shortly before the completion of this book, Jochen Viehoff was awarded his doctorate in the field of particle physics. For Viehoff is not only a photographer, he is also a scientist and has always steered by the tension his twofold talent creates. Today, he works as an artistic-scientific fellow at the Kunsthochschule für Medien (School of Art and Media) of Cologne. As a photographer, the physicist Viehoff allows his keen interest in the eloquent faces of this world to guide him. He shows what science, by definition, uses as the basis of her generalisations: the unique, the particular and its individual, transient condition, the only thing that can touch us.

The present collection of photographs represents an independent creation and is not meant to be a documentation of the anniversary celebrations. It would certainly have been impossible to achieve a truly encompassing retrospective, for some companies asked not to take pictures during their performances. Nor do these images reflect the music programme which enriched the long nights of celebration – the photographer's focus is on dance. The text by Anne-Kathrin Reif however tells of these night-time concerts and of the special, buoyant mood pervading these weeks of celebration. It is therefore accompanied by pictures which go beyond the performances to speak of celebration. They show venues, moments of applause, and of simply being together after an event.

The design and layout of this book is the work of the Wuppertal artist Helmut Kiesewetter. Owing to his creativity, this book not only shows art, but is, in its unified total form, itself an art work. Kiesewetter´s works always seek to literally move the spectator by stimulating several senses at the same time. His book invites its readers to participate: it contains a loose, empty sheet, a blank. Inserted between the pages, it separates the transparent layers of text. In order to read the individual page, we are invited to become active: to move. Two different languages form sedimentary strata of text. Words and letters fall into place, form a shape and in this reflect what the work of Pina Bausch is for the world – a truthful language of human expression people all over the world can understand.

Meike Nordmeyer, Oliver Weckbrodt
Translated by Nina Hausmann

12 Tanztheater Wuppertal – Pina Bausch: Das Frühlingsopfer (Le Sacre du printemps)

14 Tanztheater Wuppertal – Pina Bausch: Das Frühlingsopfer (Le Sacre du printemps)

16 Tanztheater Wuppertal – Pina Bausch: Das Frühlingsopfer (Le Sacre du printemps)

18 Tanztheater Wuppertal – Pina Bausch: Das Frühlingsopfer (Le Sacre du printemps)

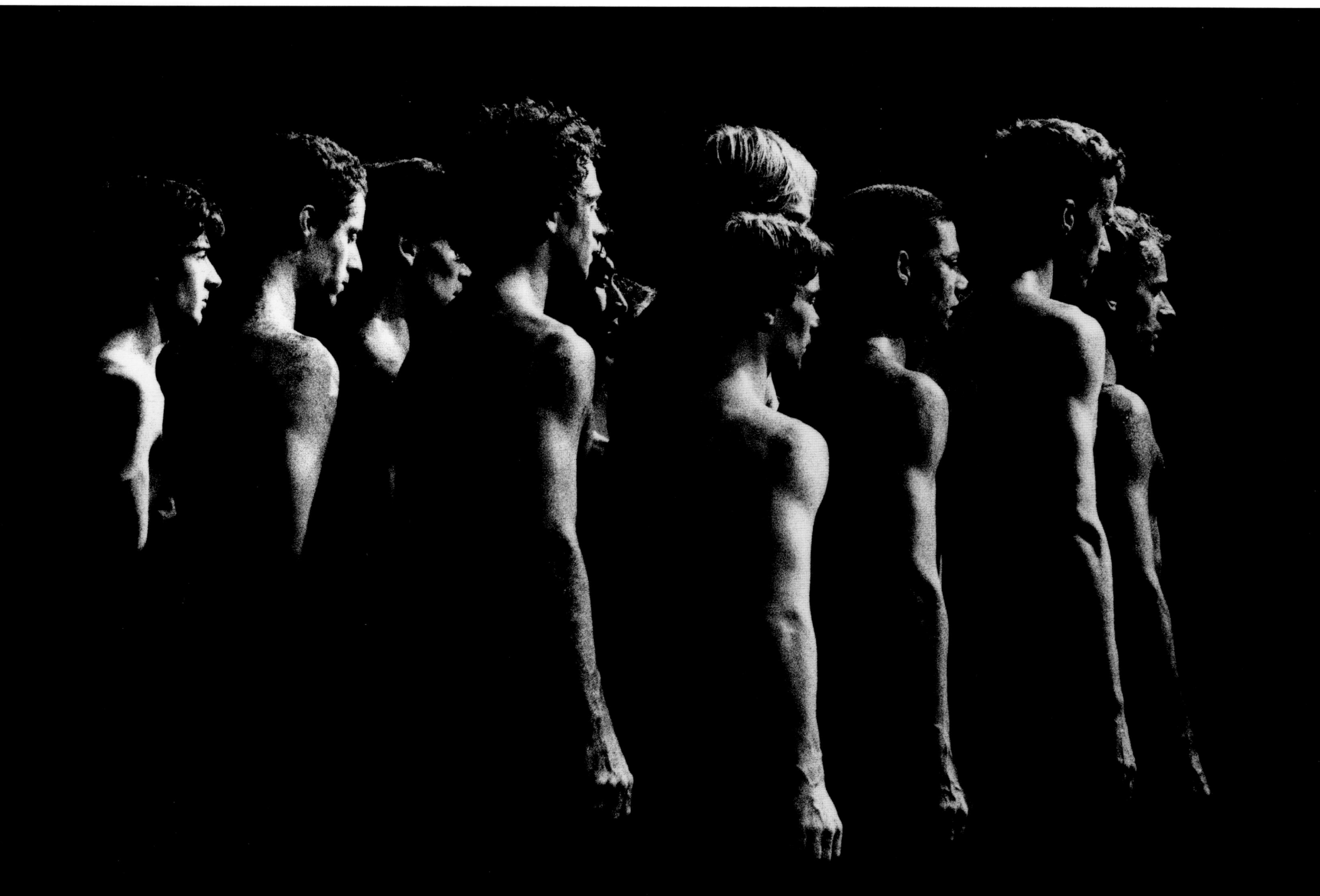

20 Tanztheater Wuppertal — Pina Bausch: Das Frühlingsopfer (Le Sacre du printemps)

22 Tanztheater Wuppertal – Pina Bausch: Das Frühlingsopfer (Le Sacre du printemps)

24 Tanztheater Wuppertal – Pina Bausch: Das Frühlingsopfer (Le Sacre du printemps)

26 Sankai Juku, Tokio: Shijima – The Darkness Calms Down in Space

28 Sankai Juku, Tokio: Shijima – The Darkness Calms Down in Space

30 Sankai Juku, Tokio: Shijima – The Darkness Calms Down in Space

32 Compagnia Pippo Delbono, Italien: Barboni – Un circo di attori e vagabondi

34 Compagnia Pippo Delbono, Italien: Barboni – Un circo di attori e vagabondi

36 Tanztheater Wuppertal – Pina Bausch: Viktor – Ein Stück von Pina Bausch

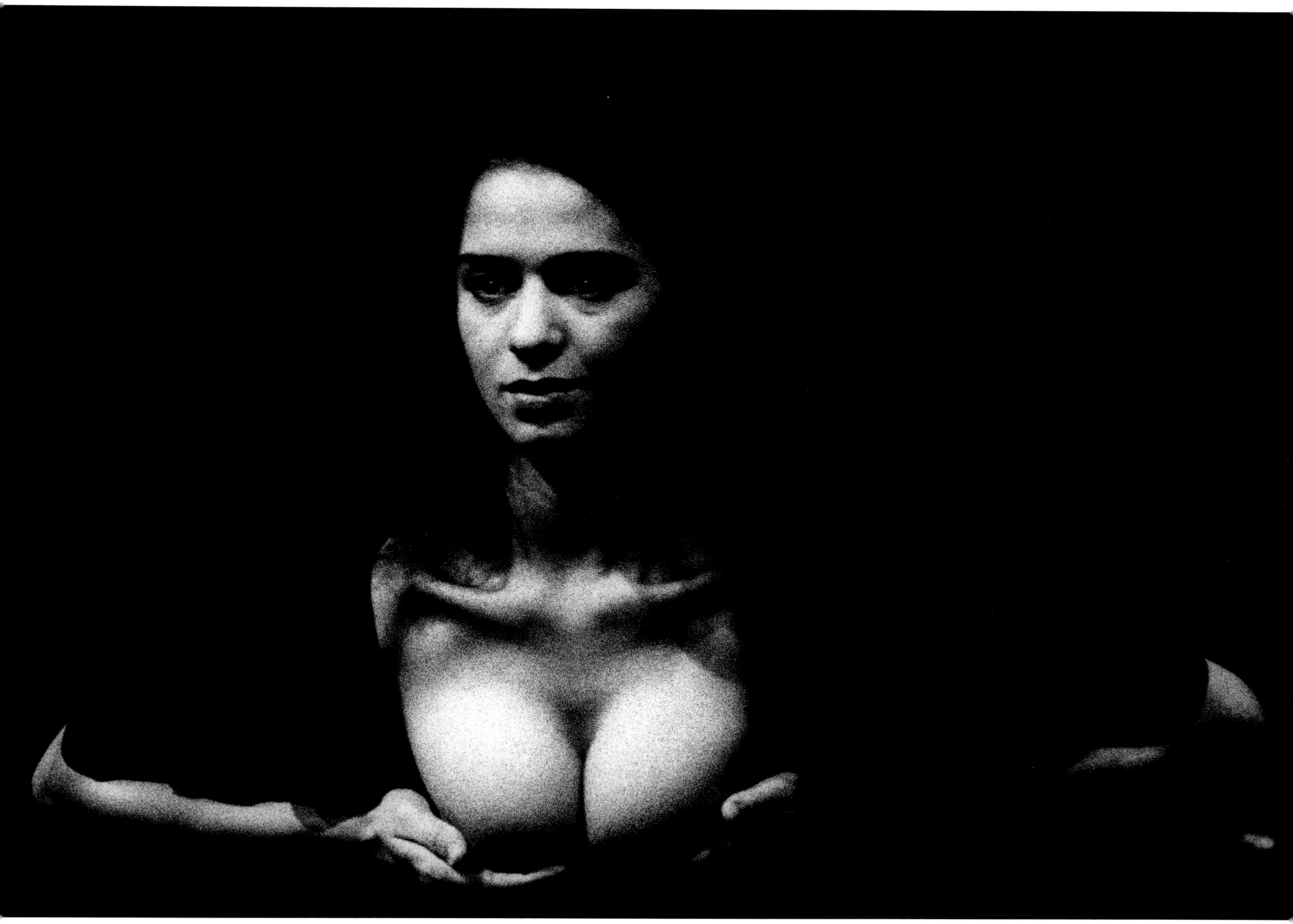

38 Tanztheater Wuppertal – Pina Bausch: Viktor – Ein Stück von Pina Bausch

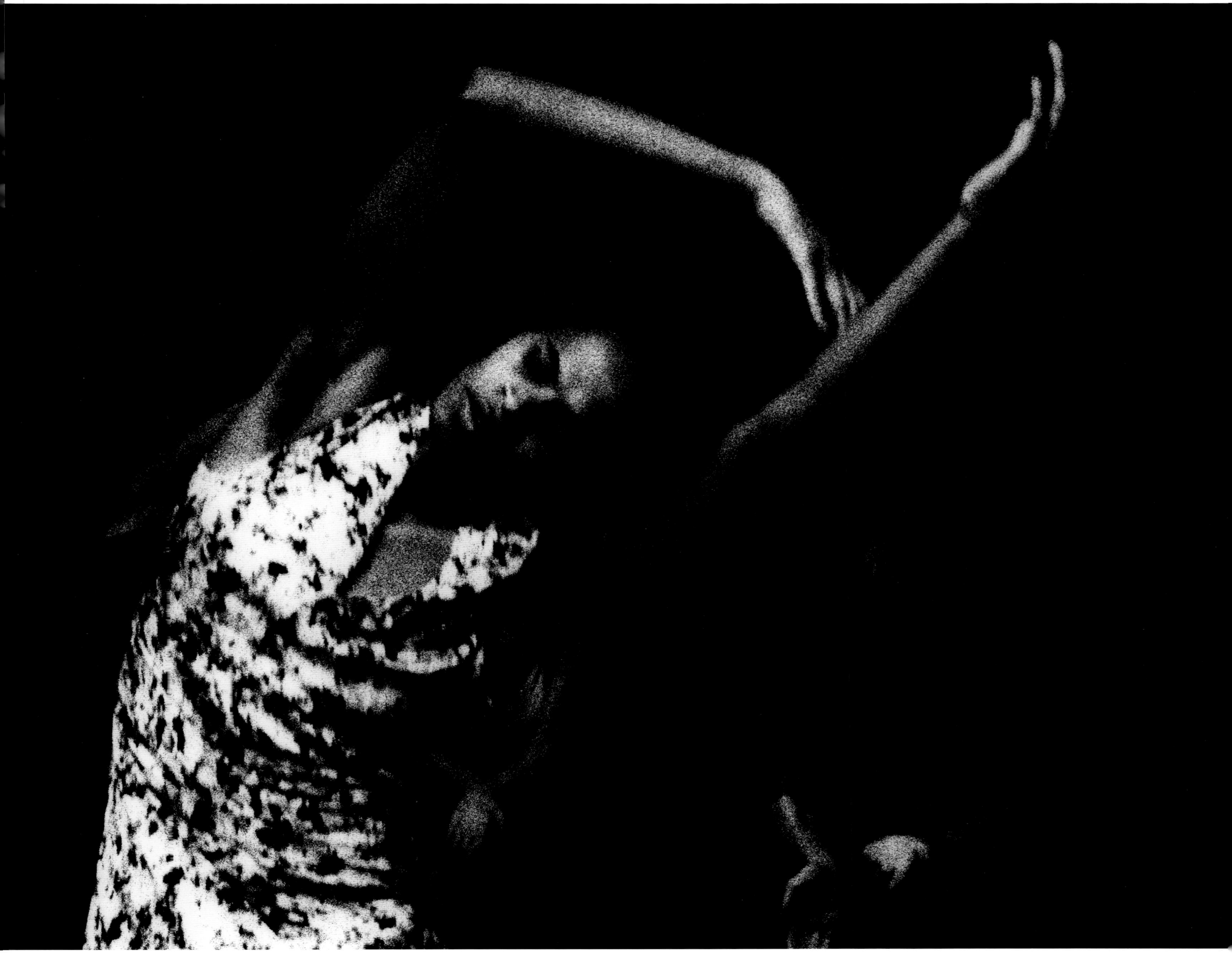

40 Tanztheater Wuppertal – Pina Bausch: Viktor – Ein Stück von Pina Bausch

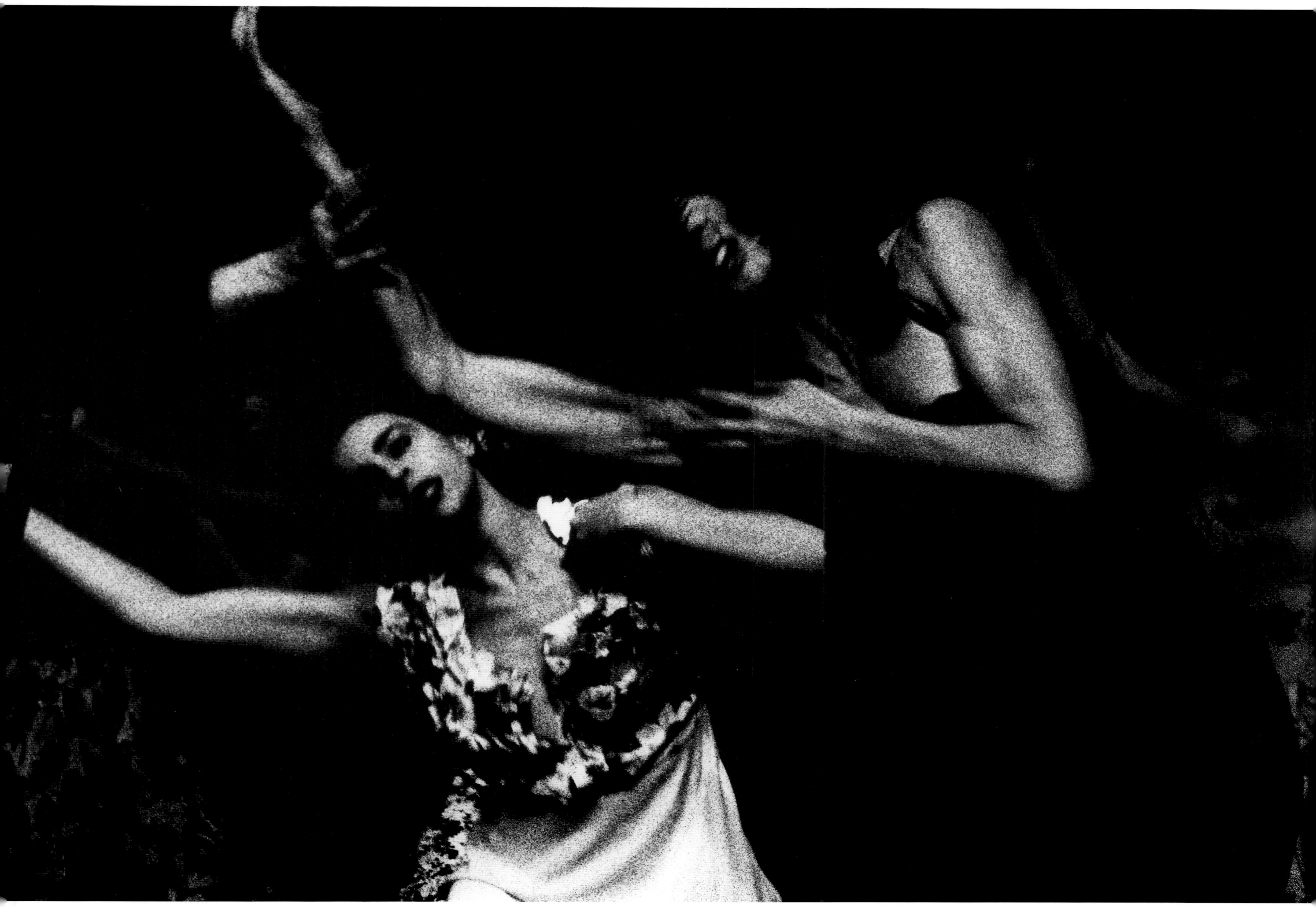

42 Tanztheater Wuppertal – Pina Bausch: Viktor – Ein Stück von Pina Bausch

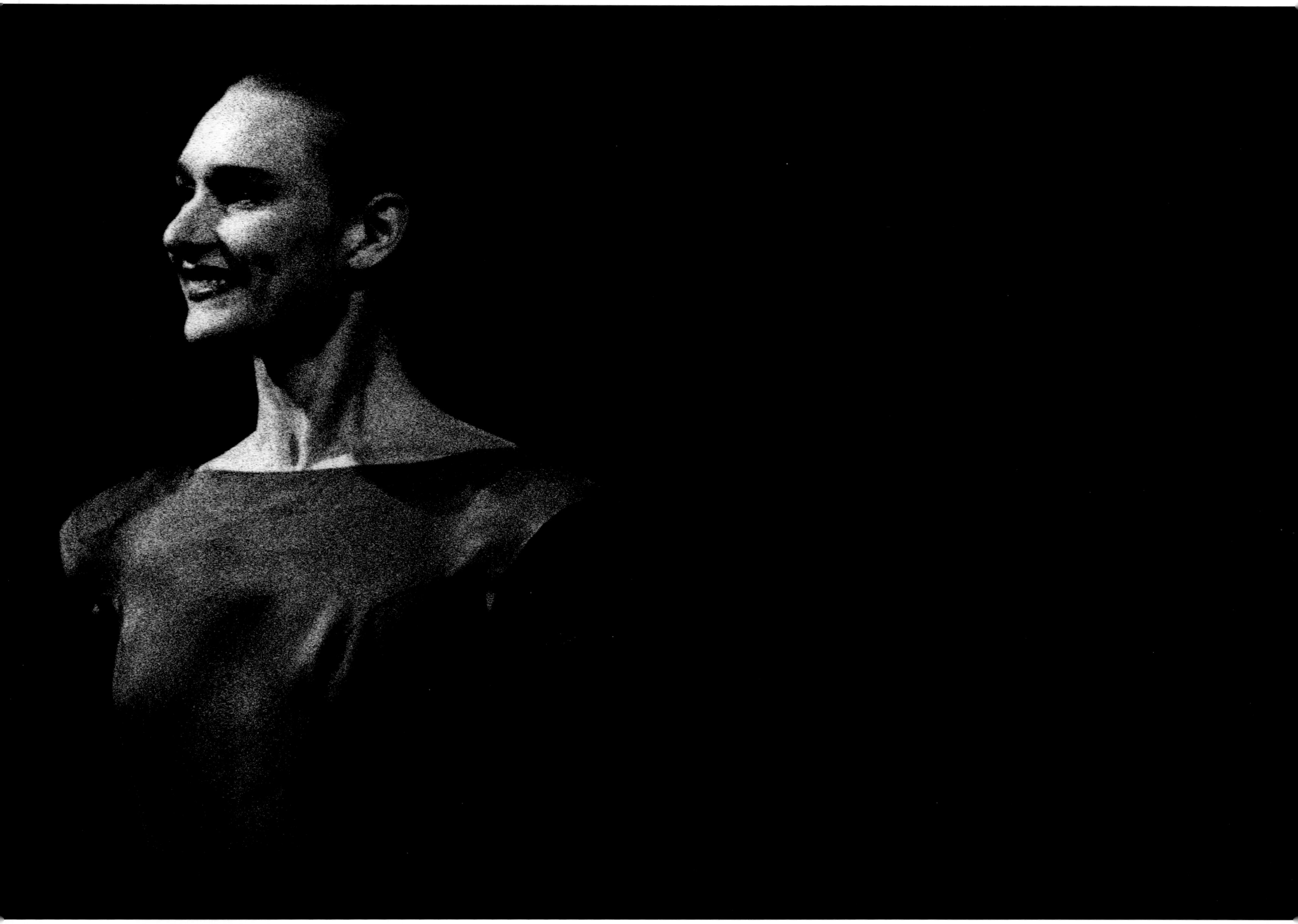

44 Tanztheater Wuppertal – Pina Bausch: Viktor – Ein Stück von Pina Bausch

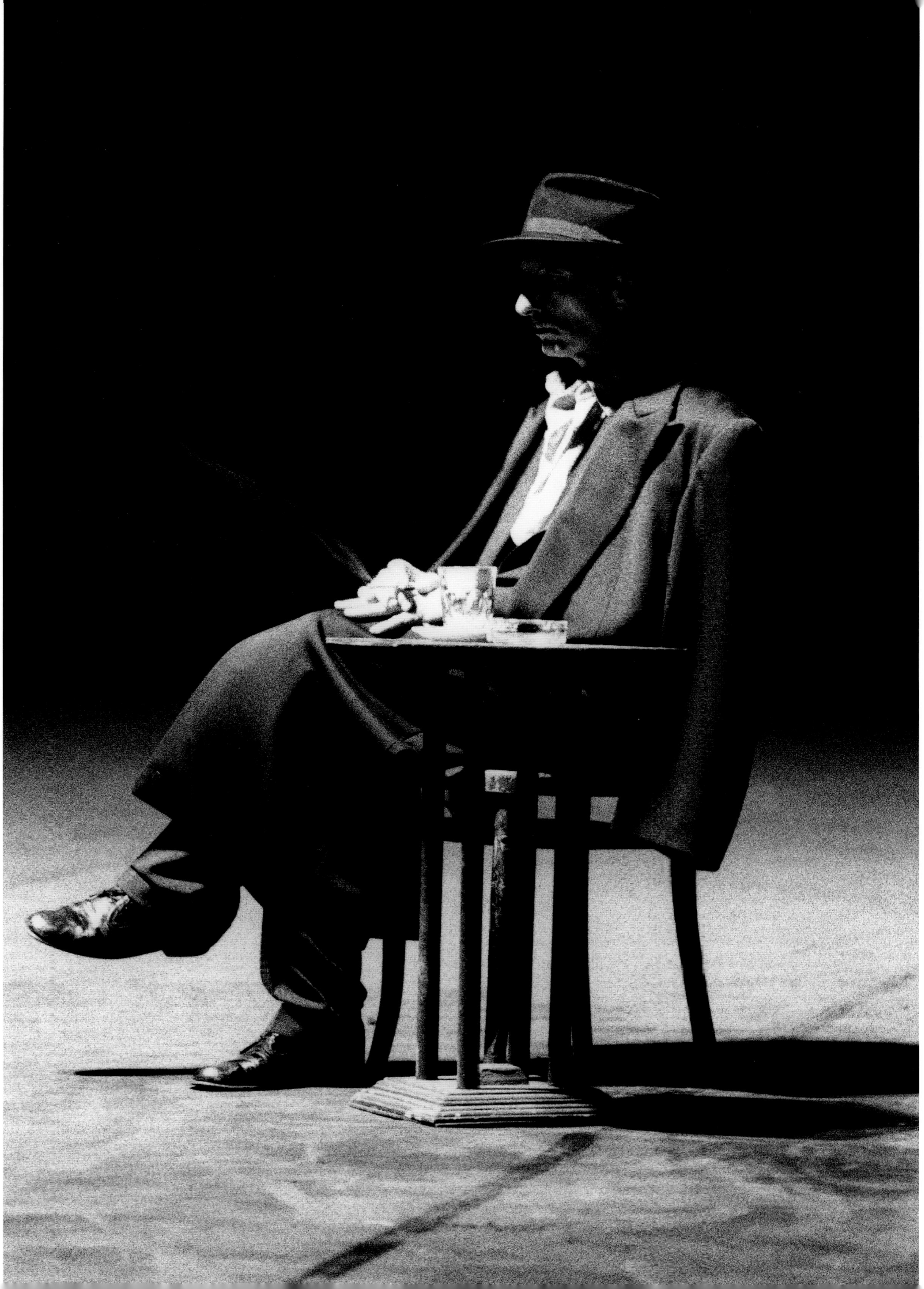

46 50 Musiker und Tänzer, Bali: Gong „Gunungsari" Peliatan / Jogèd „Jenggala Sedah" Abianbase

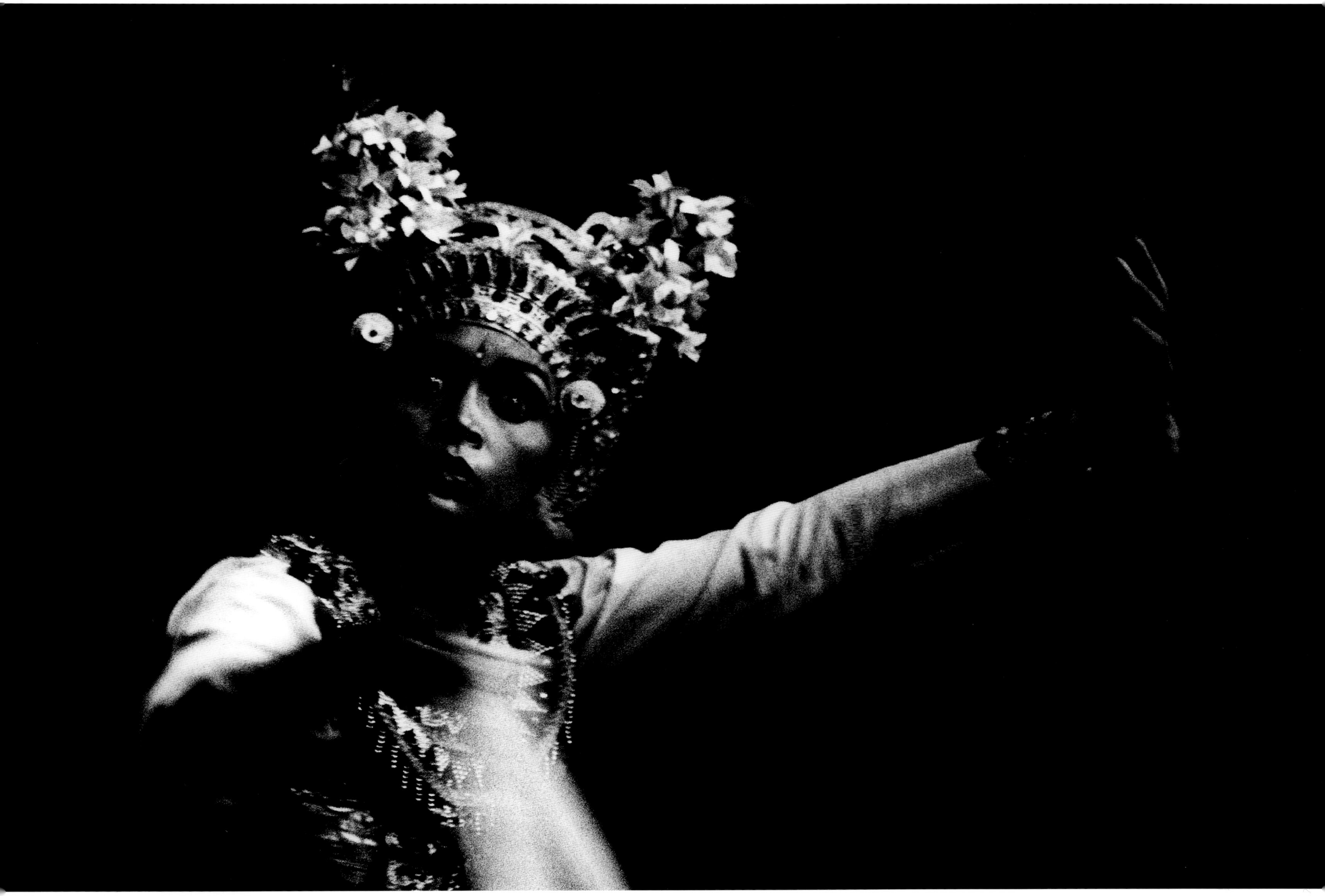

48 50 Musiker und Tänzer, Bali: Gong „Gunungsari" Peliatan / Jogèd „Jenggala Sedah" Abianbase

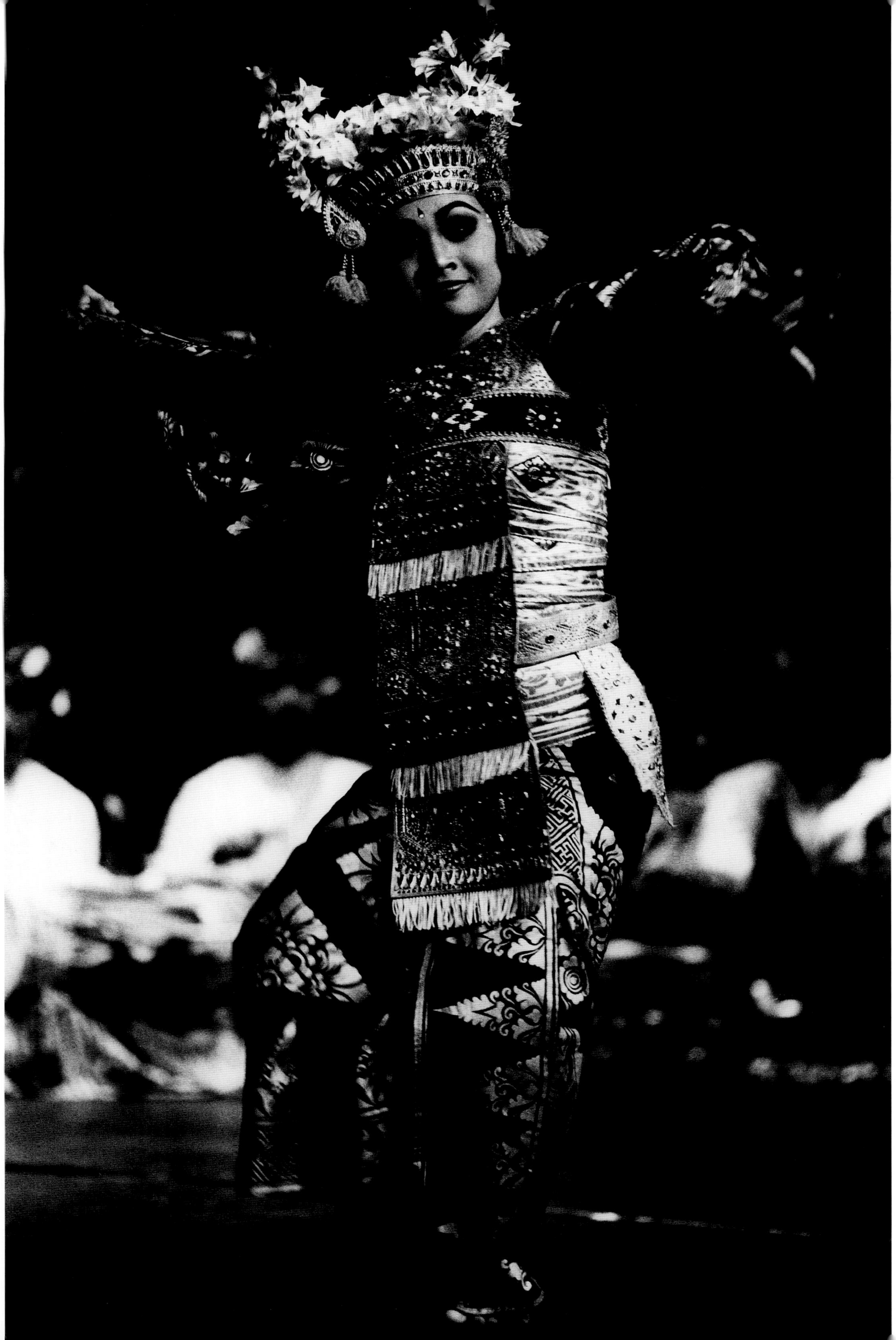

50 50 Musiker und Tänzer, Bali: Gong „Gunungsari" Peliatan / Jogèd „Jenggala Sedah" Abianbase

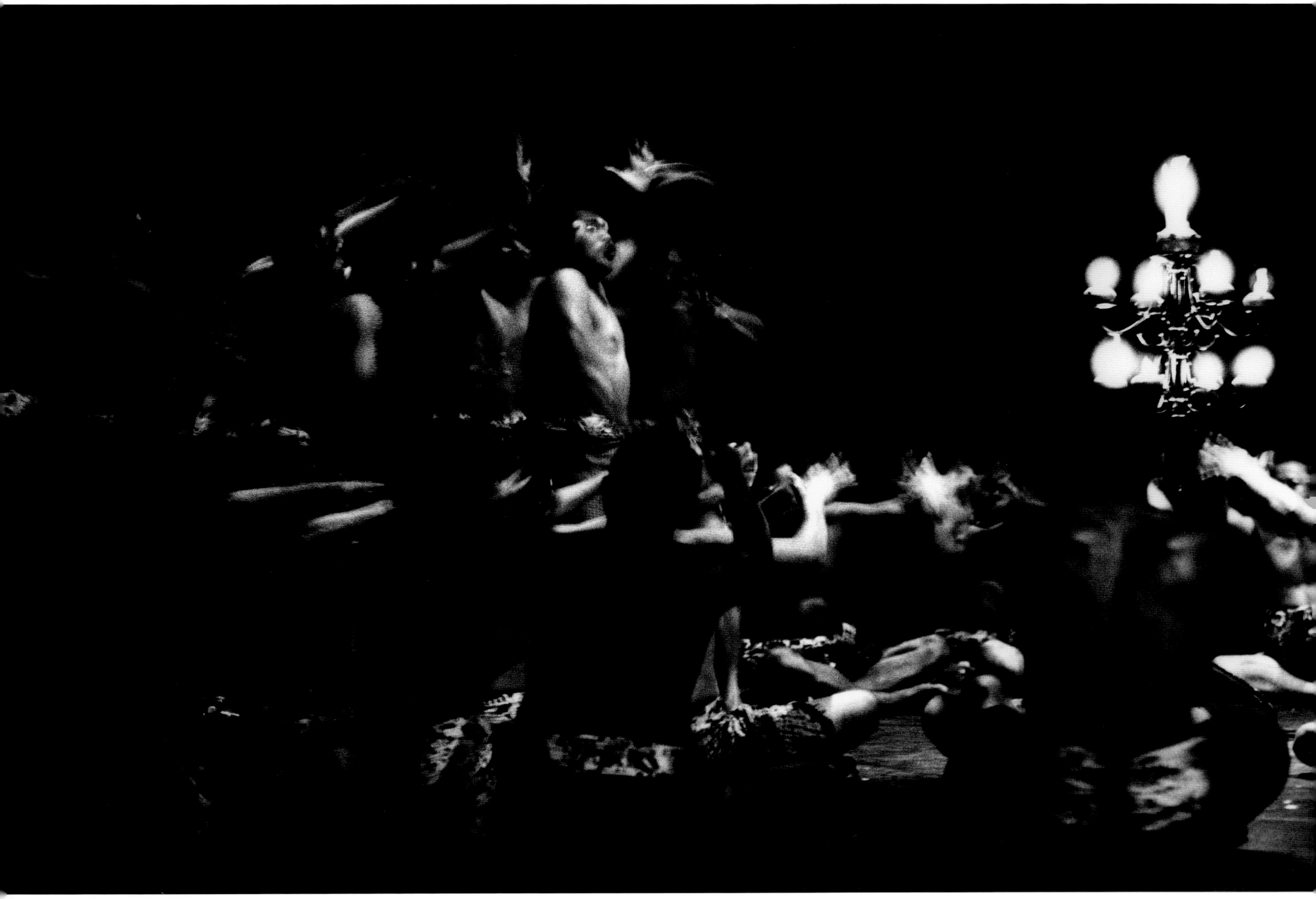

52 Ykanji / Aktuel Force, Frankreich – Storm & Jazzy, Deutschland – Mr. Wiggles / Sugarpop / Skeeter Rabbit / Poppin' Taco, USA: HipHop Dance

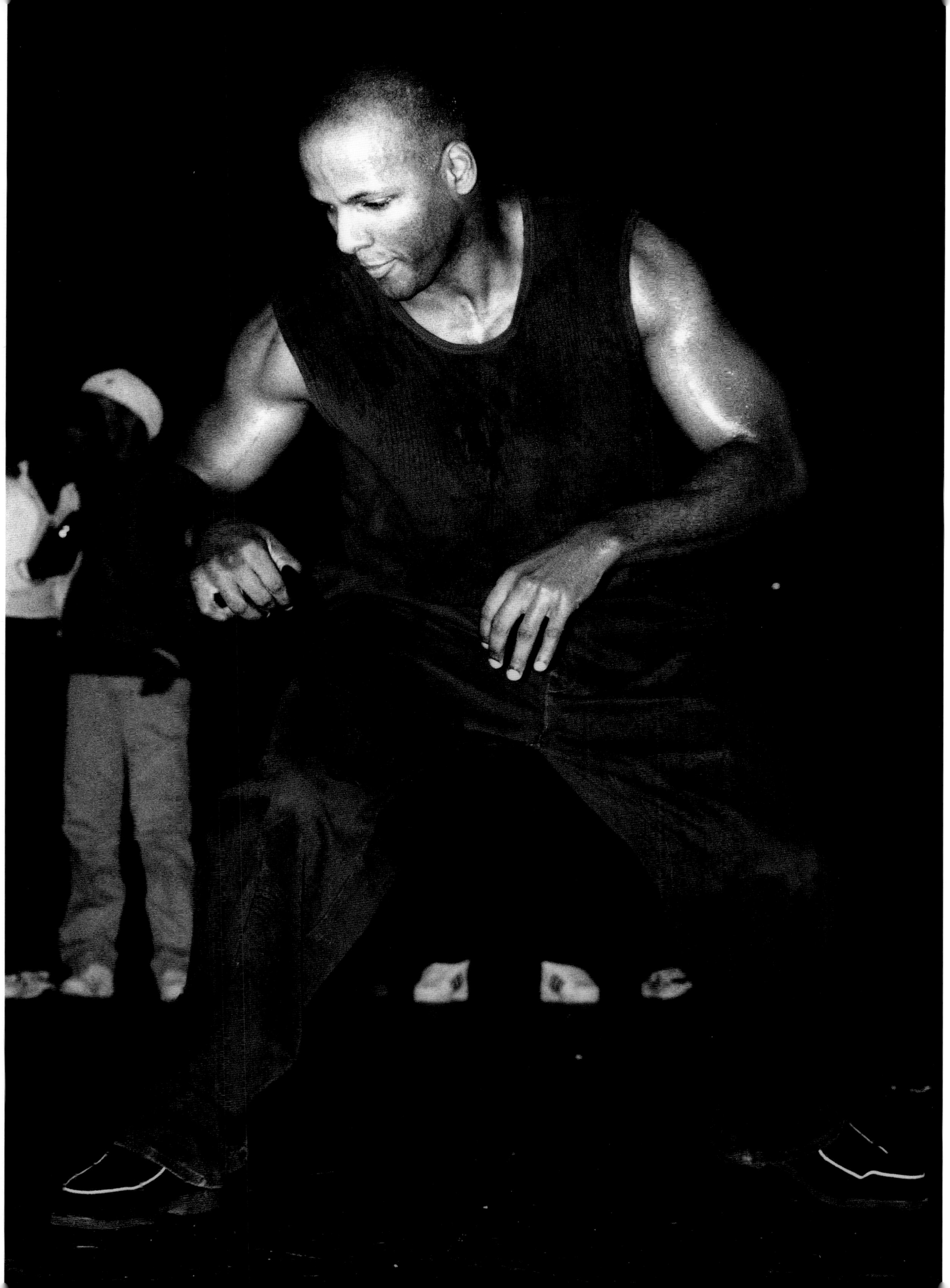

54 Ykanji / Aktuel Force, Frankreich – Storm & Jazzy, Deutschland – Mr. Wiggles / Sugarpop / Skeeter Rabbit / Poppin' Taco, USA: HipHop Dance

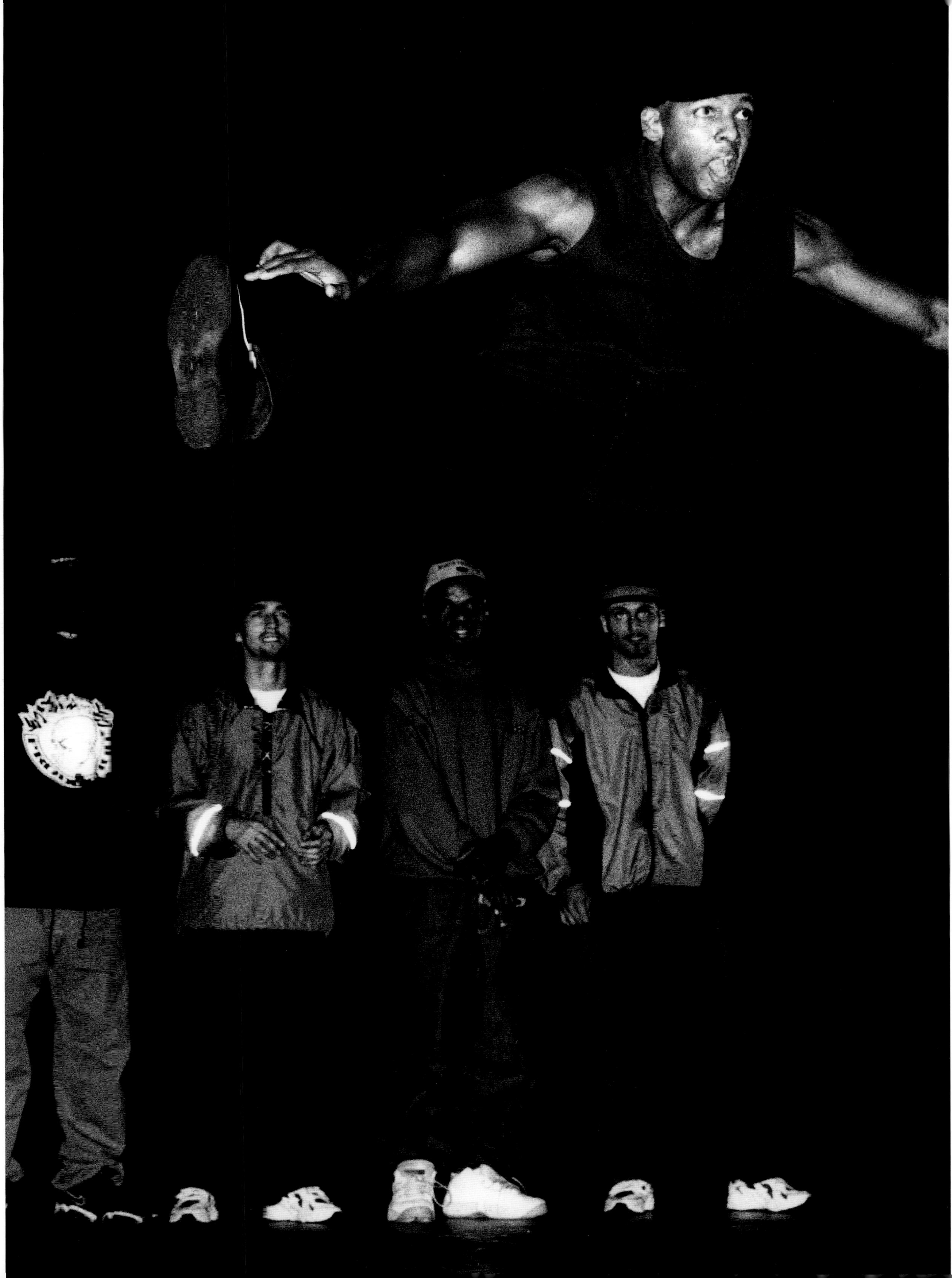

Ykanji / Aktuel Force, Frankreich – Storm & Jazzy, Deutschland – Mr. Wiggles / Sugarpop / Skeeter Rabbit / Poppin' Taco, USA: HipHop Dance

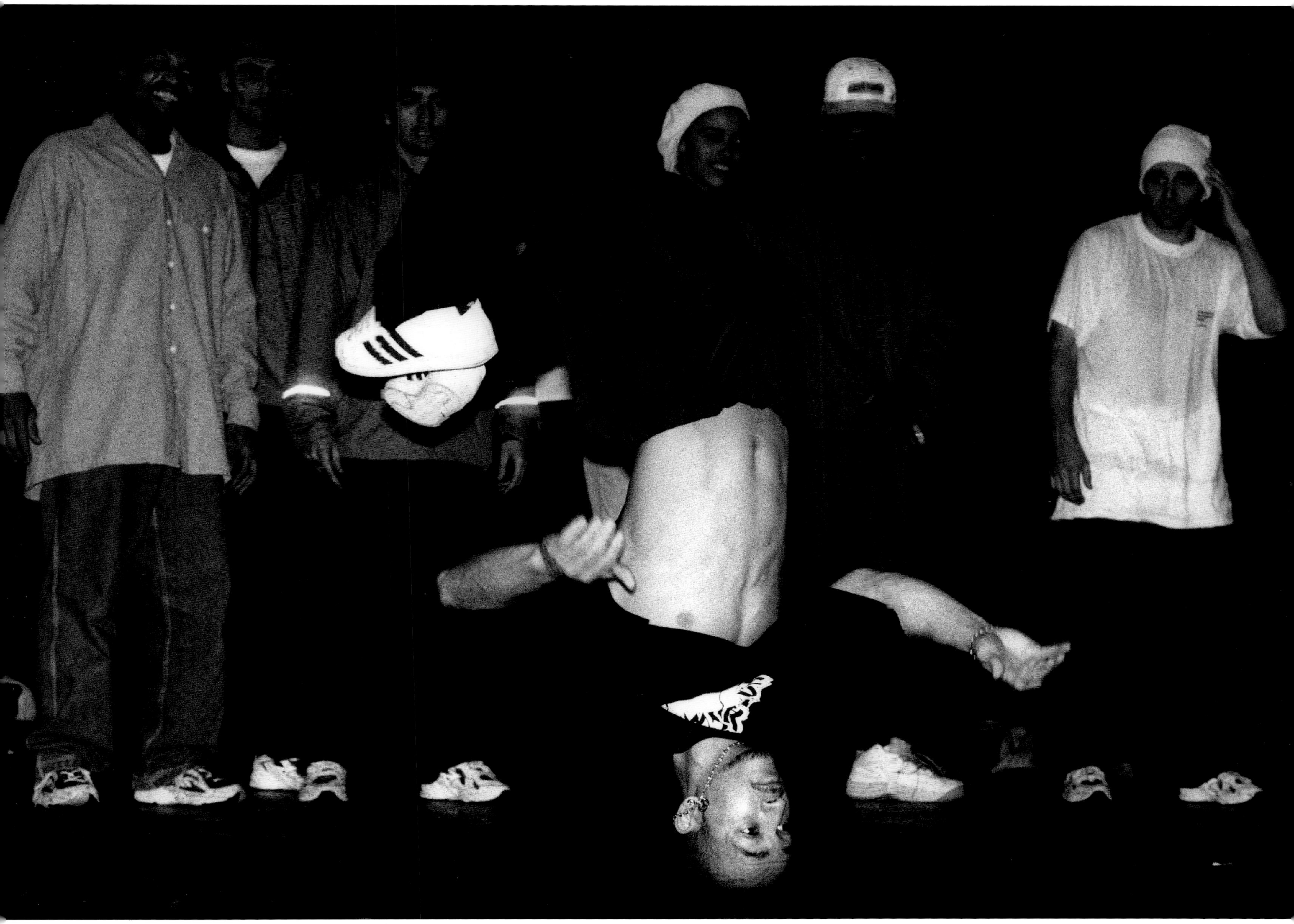

58 Tanztheater Wuppertal – Pina Bausch: Nur Du – Ein Stück von Pina Bausch

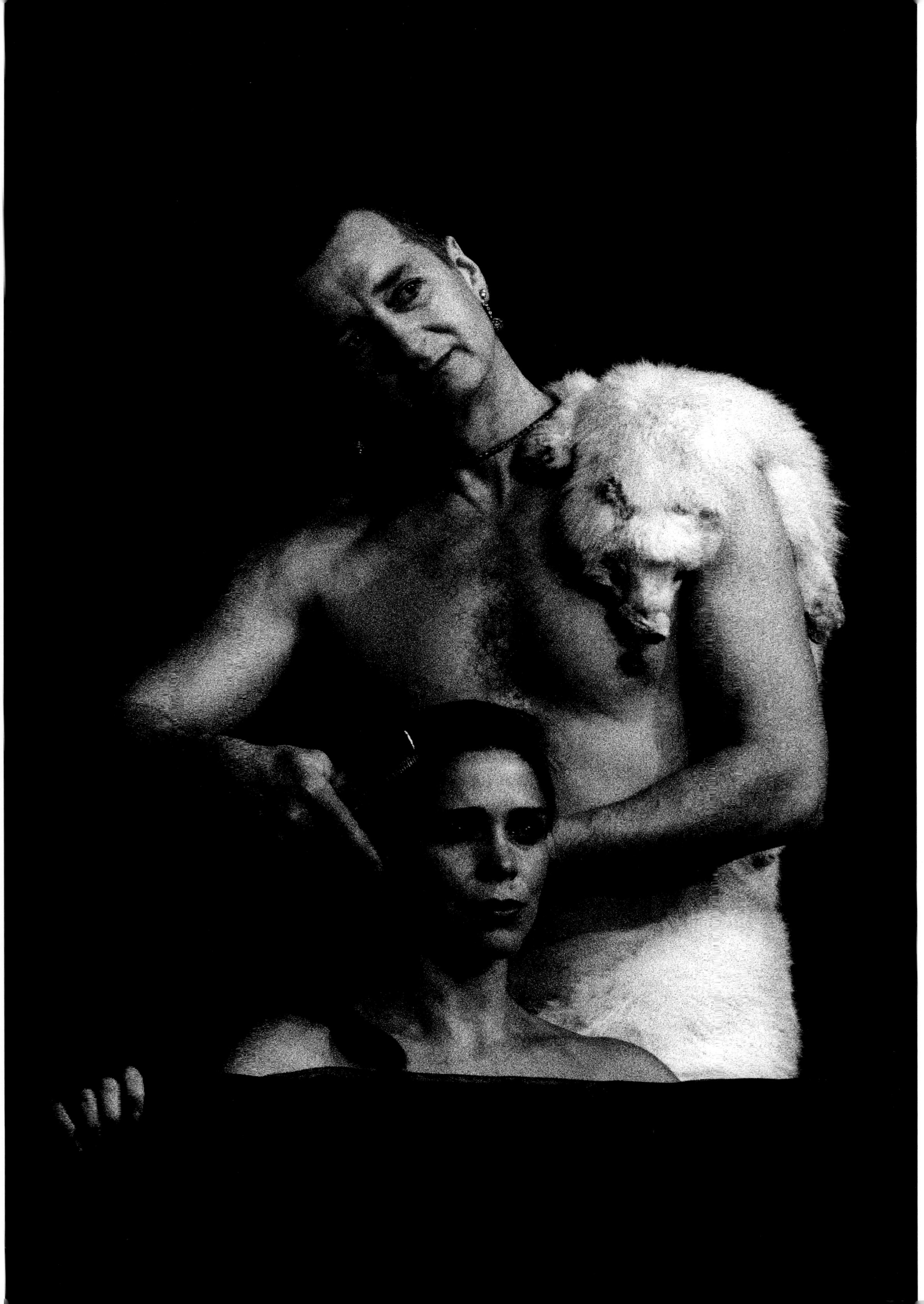

60 Tanztheater Wuppertal – Pina Bausch: Nur Du – Ein Stück von Pina Bausch

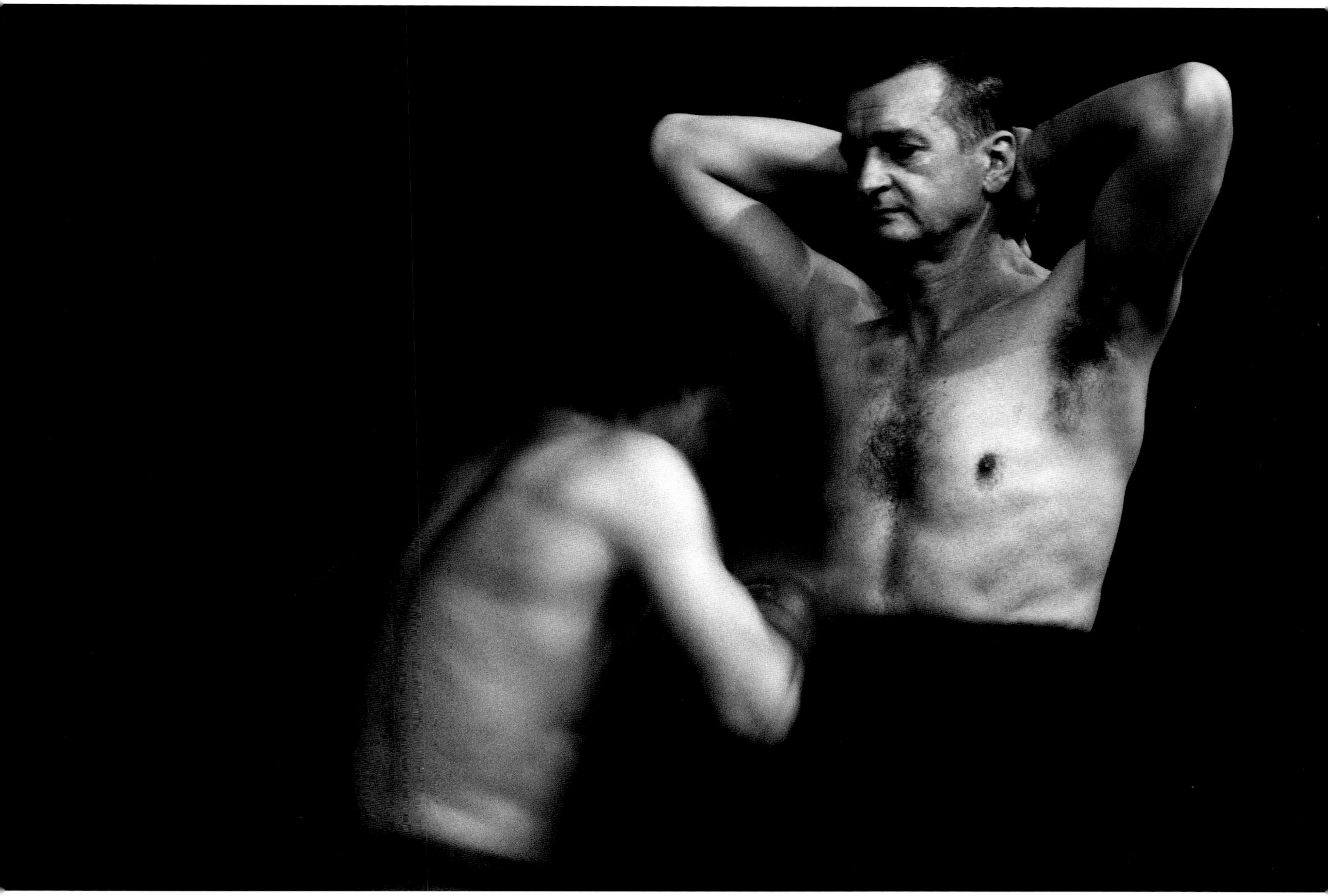

62 Cloud Gate Dance Theatre, Taipei: Songs of the Wanderers

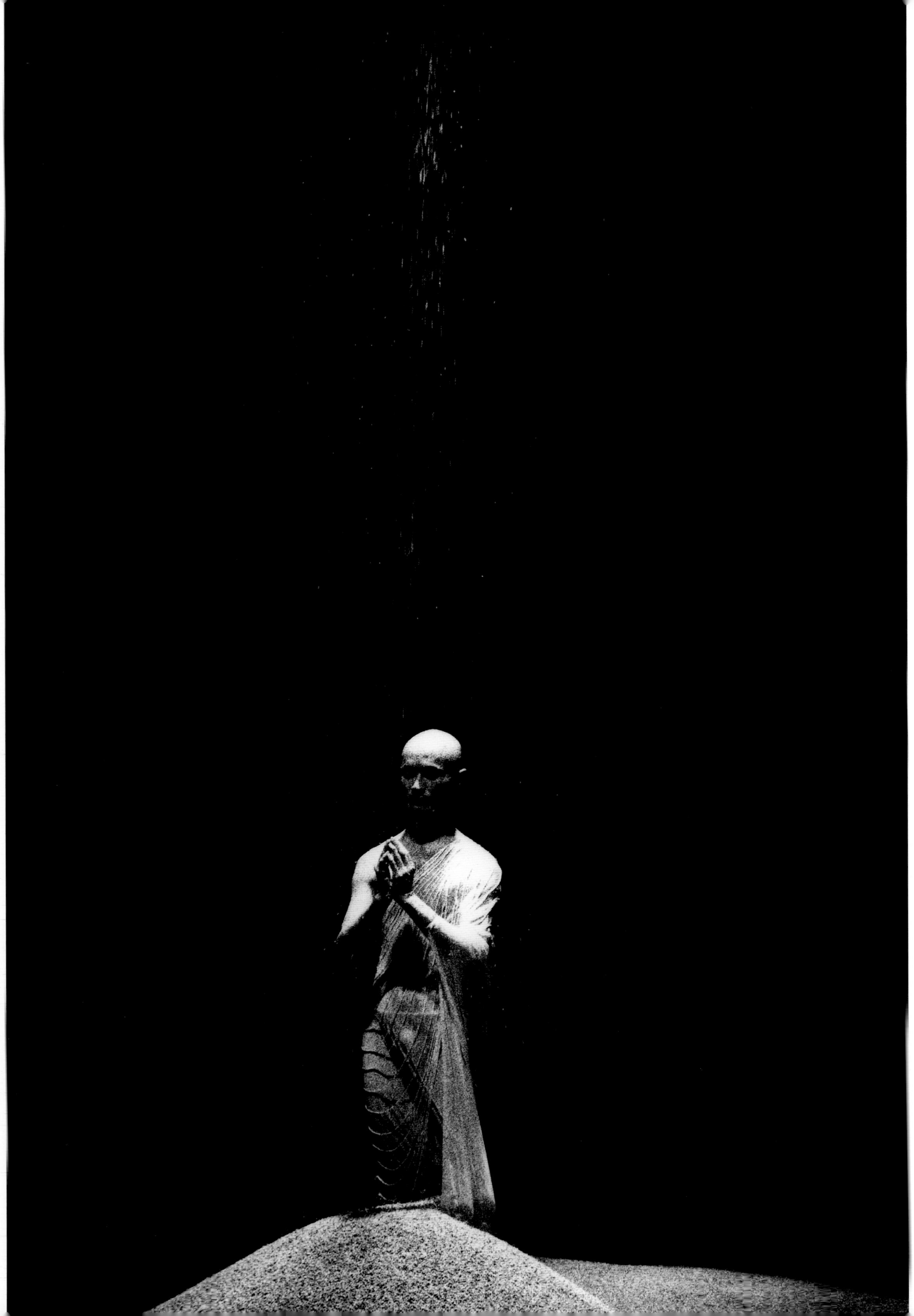

64　Cloud Gate Dance Theatre, Taipei: Songs of the Wanderers

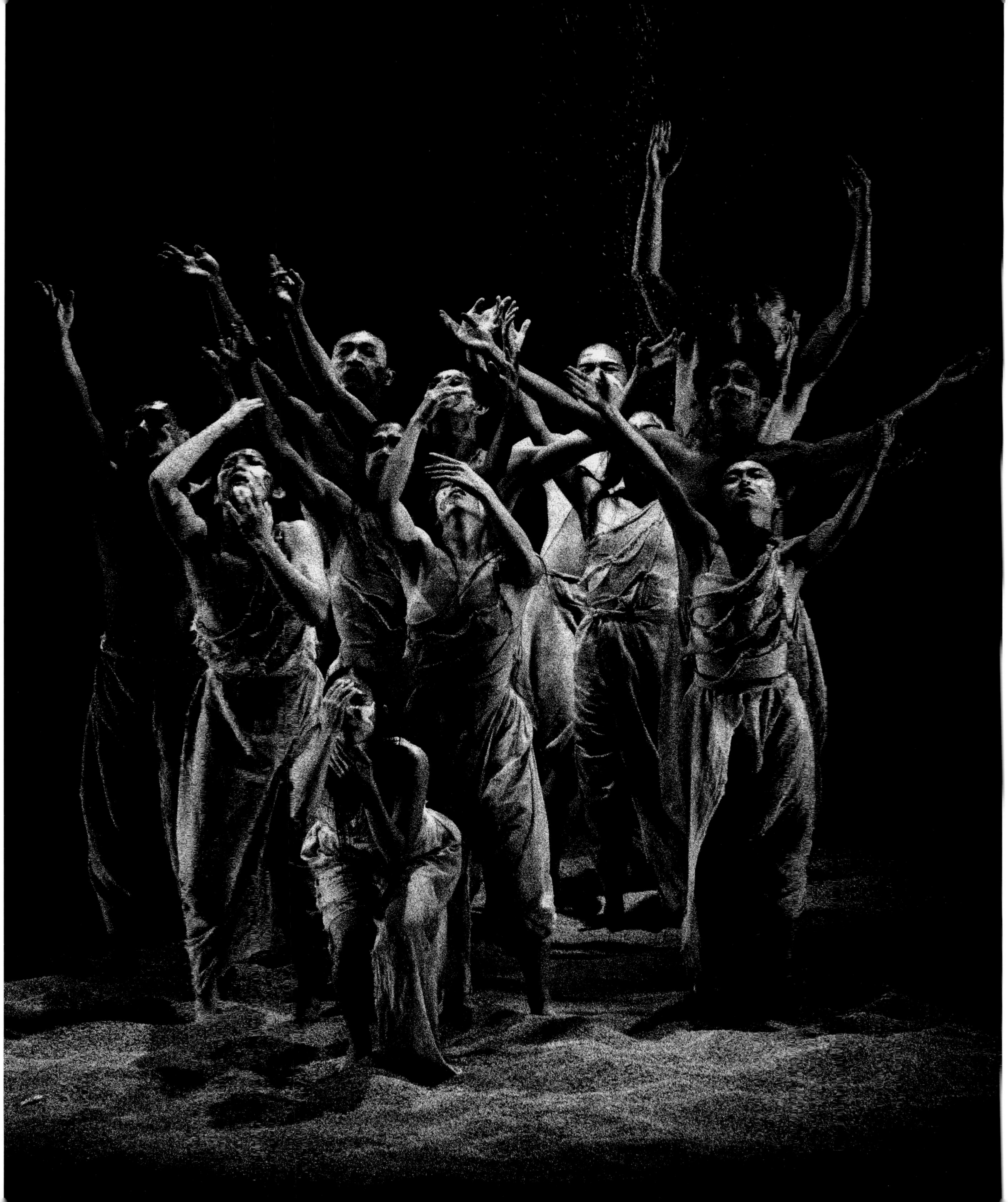

66 Cloud Gate Dance Theatre, Taipei: Songs of the Wanderers

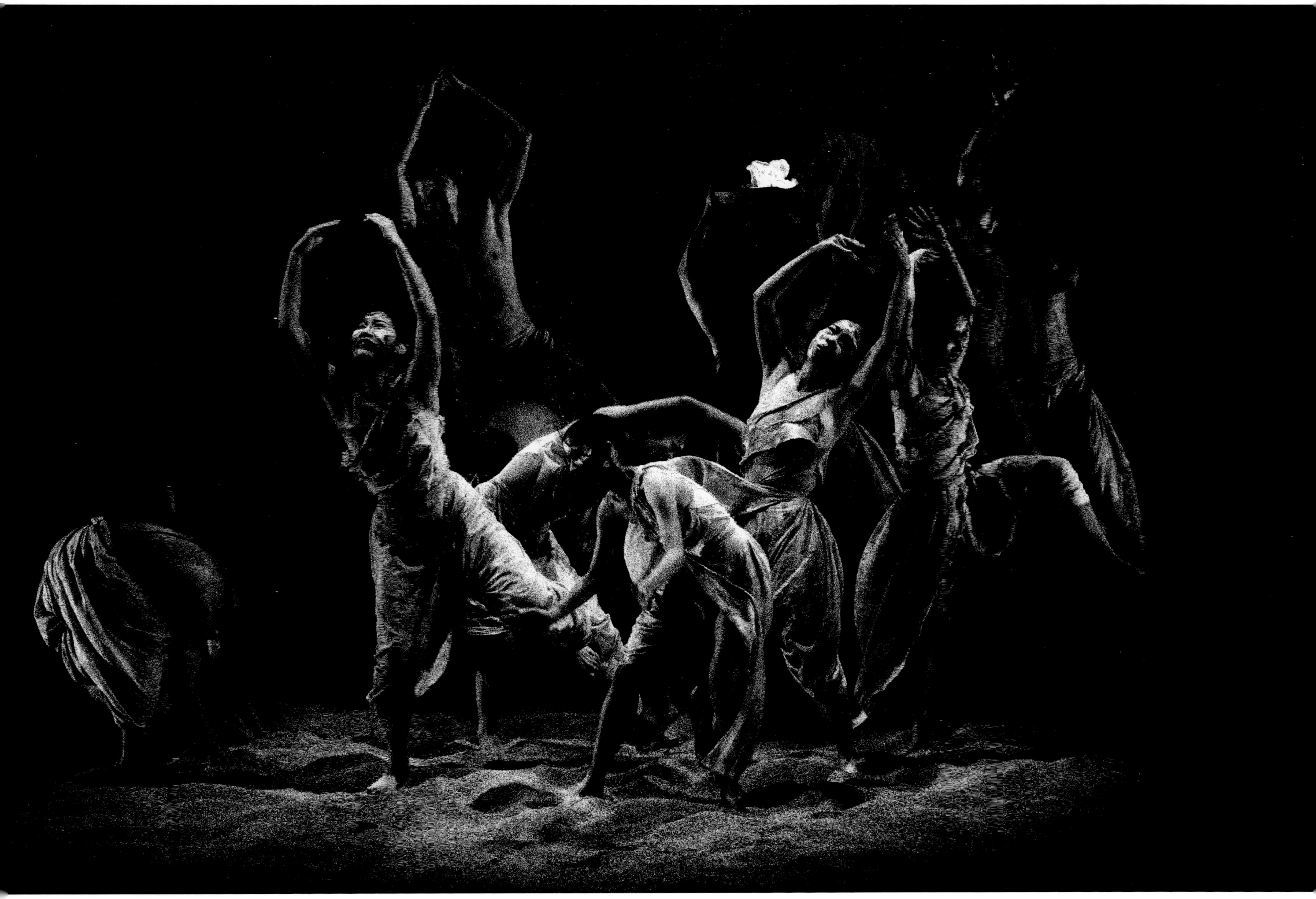

68 Mui Cheuk-yin, Hongkong: Eulogy

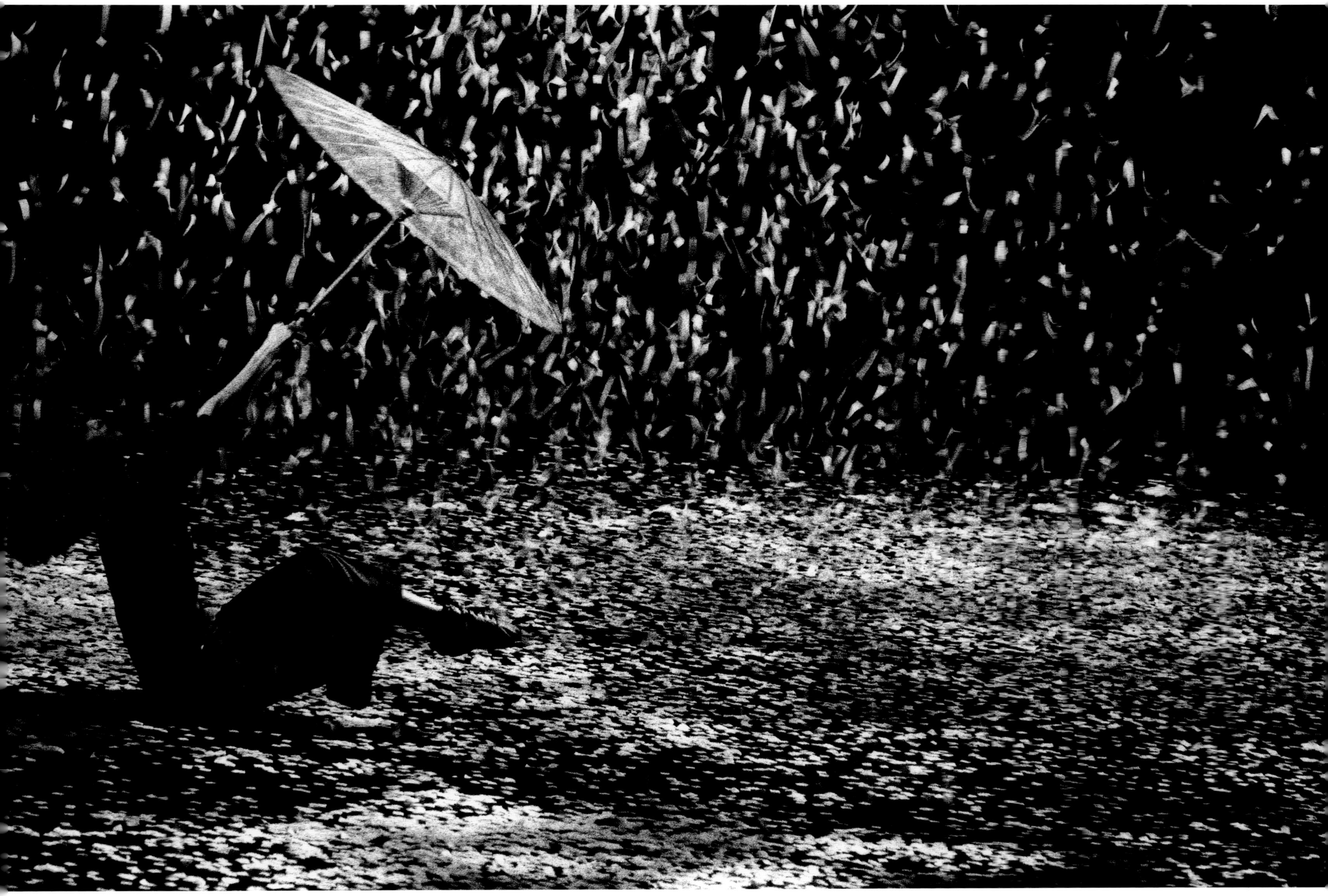

70 Marie-Claude Pietragalla, Paris: Don't Look Back

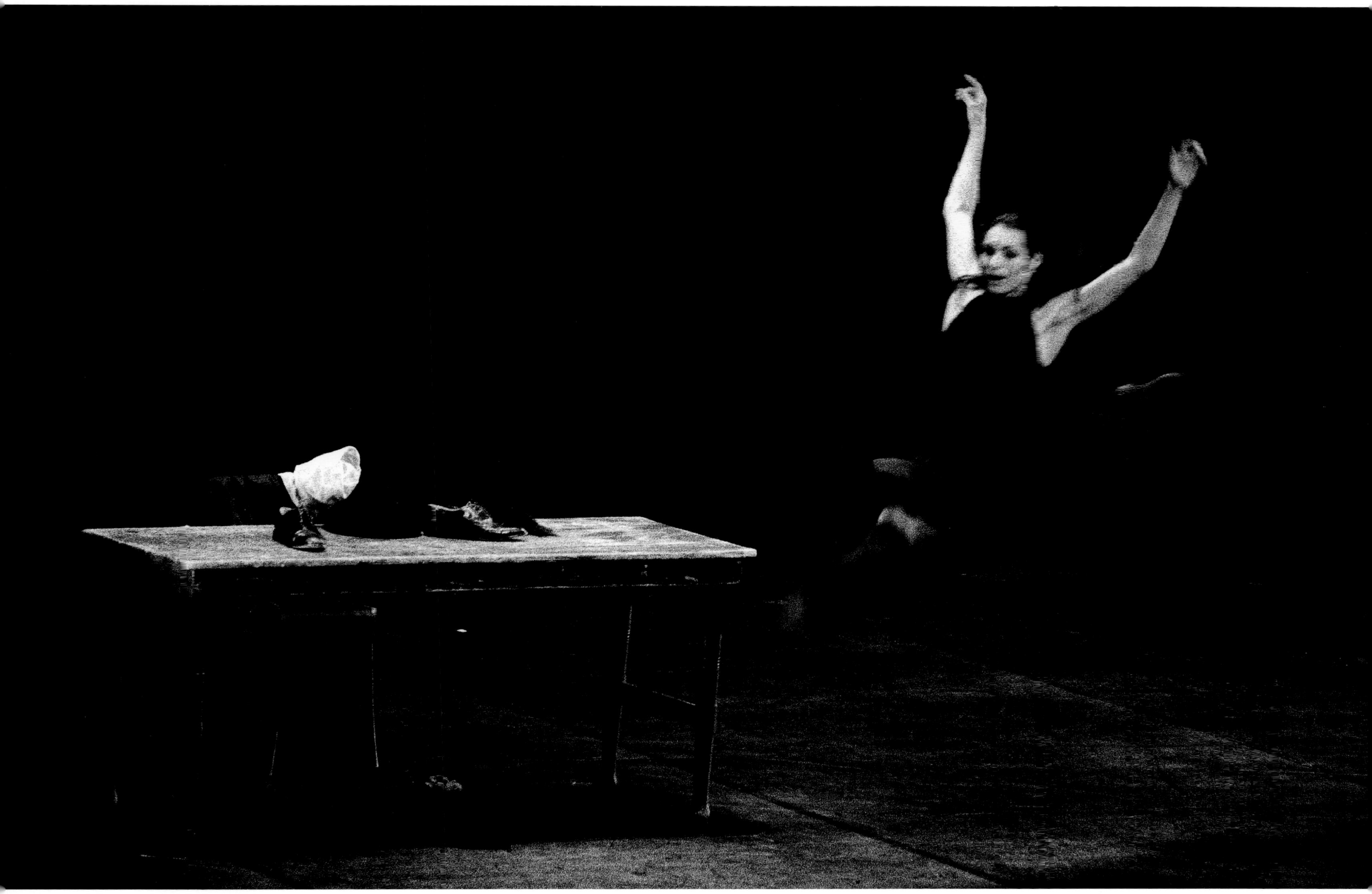

72 Tanztheater Wuppertal – Pina Bausch: Iphigenie auf Tauris – Tanzoper von Pina Bausch

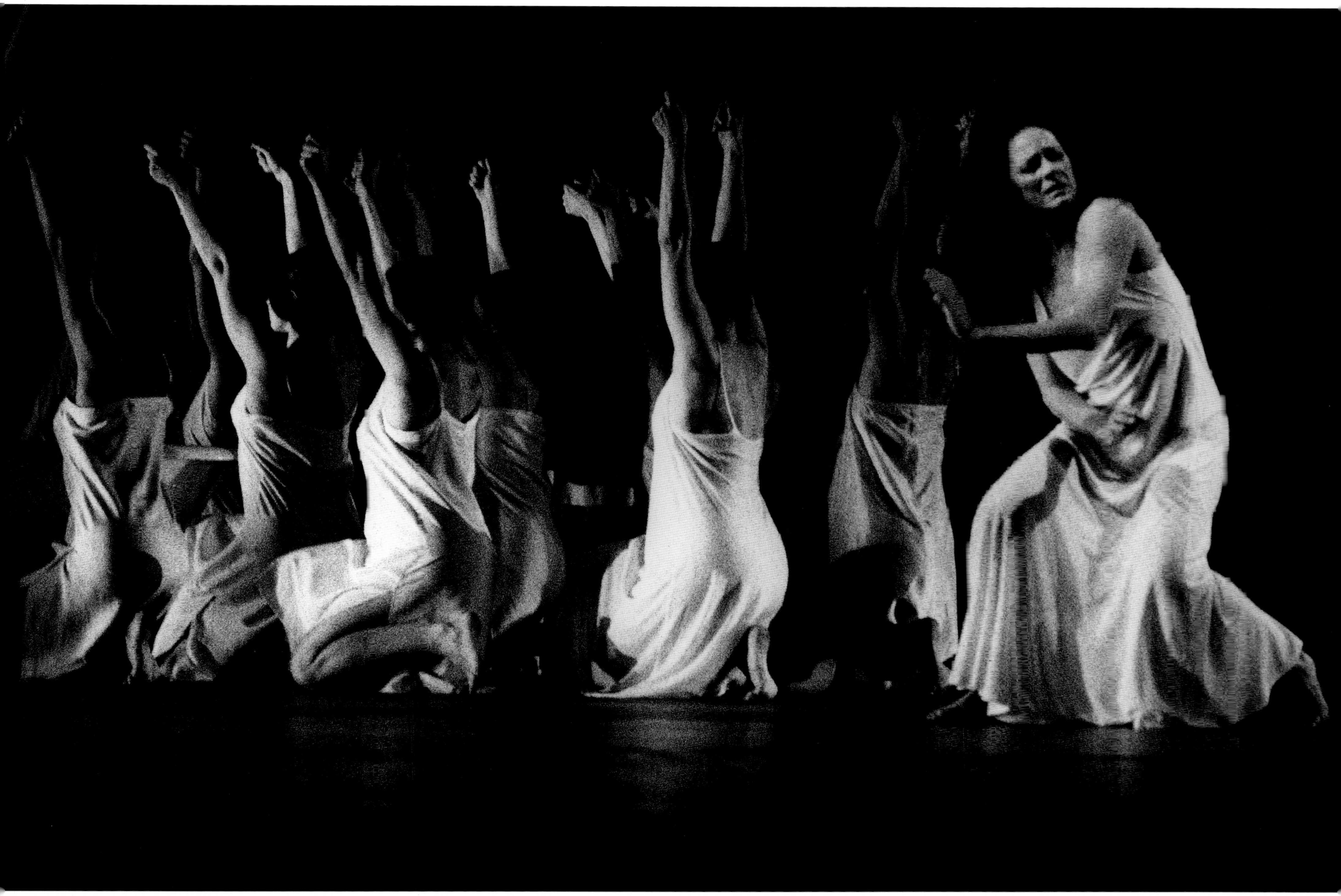

74 Tanztheater Wuppertal – Pina Bausch: Iphigenie auf Tauris – Tanzoper von Pina Bausch

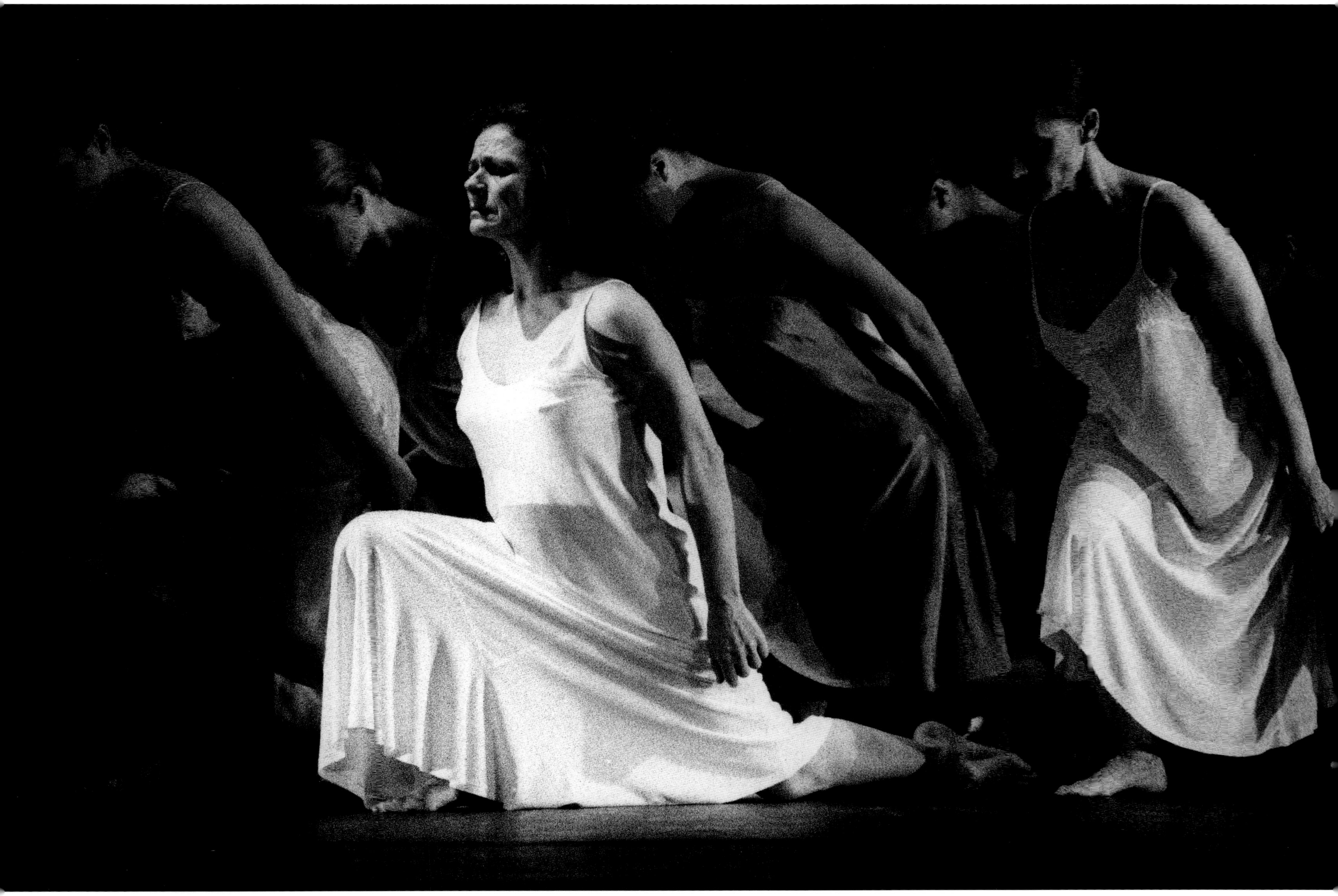

76 Tanztheater Wuppertal – Pina Bausch: Iphigenie auf Tauris – Tanzoper von Pina Bausch

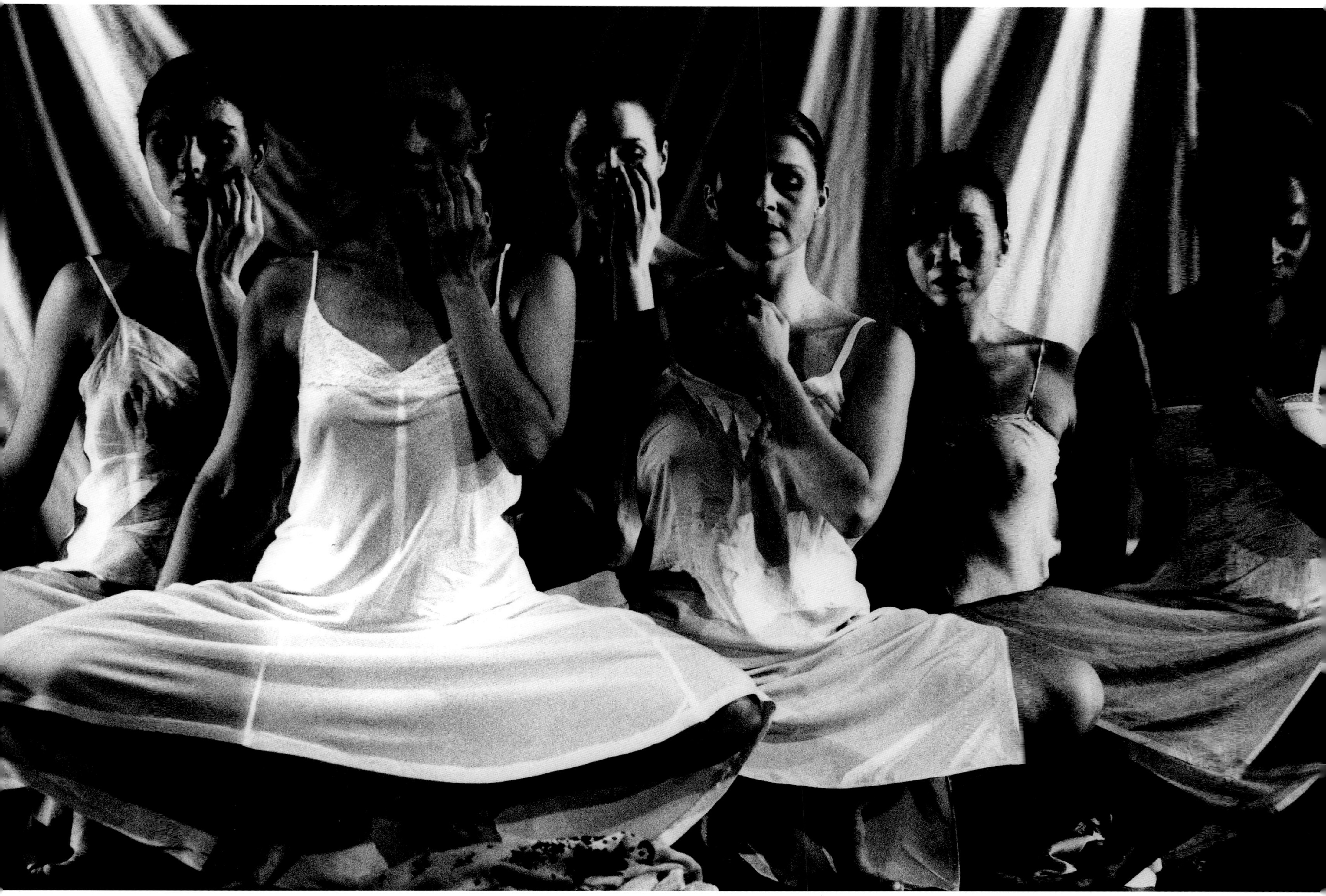

78 Tanztheater Wuppertal – Pina Bausch: Iphigenie auf Tauris – Tanzoper von Pina Bausch

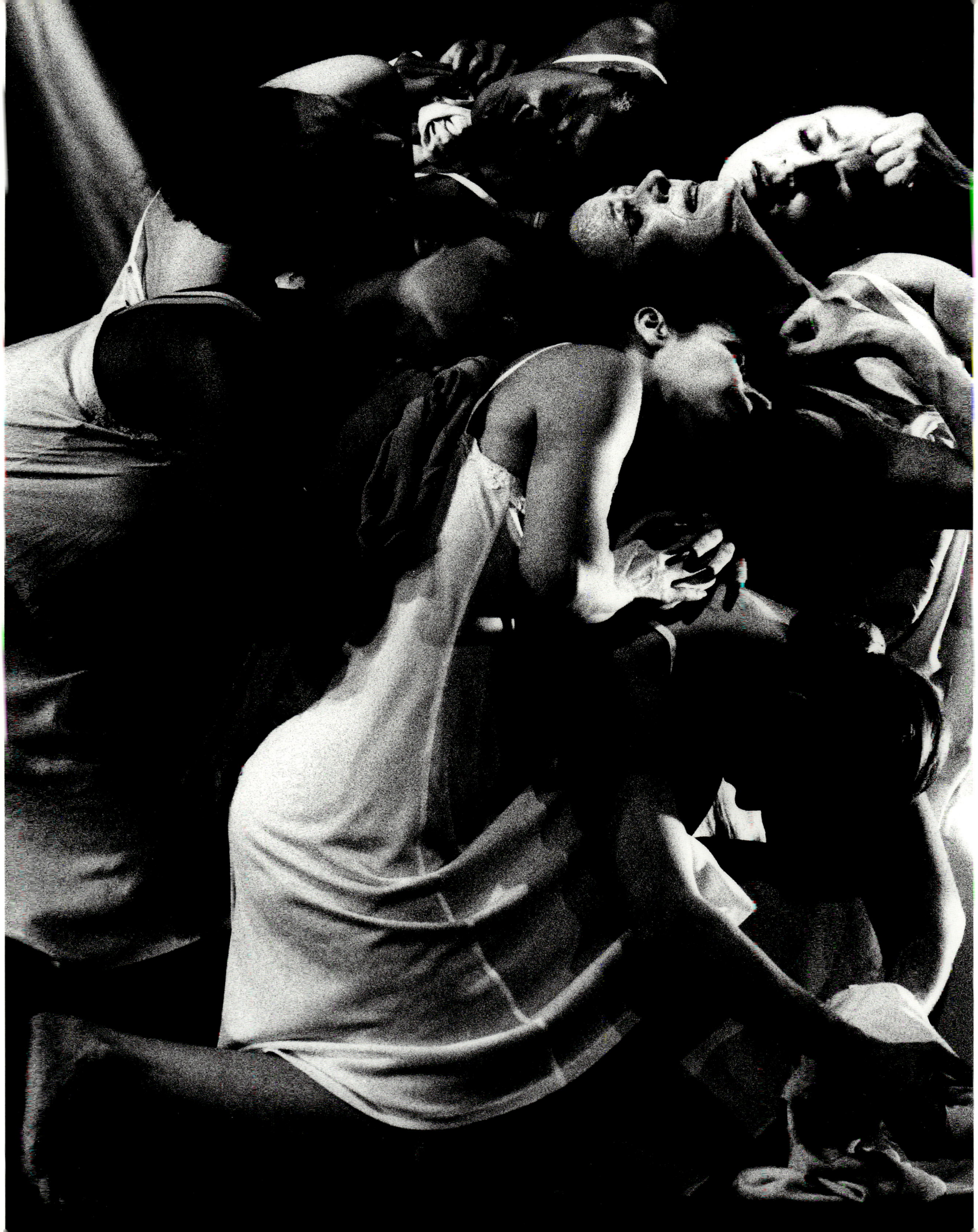

80 Tanztheater Wuppertal, Pina Bausch: Café Müller – Ein Stück von Pina Bausch

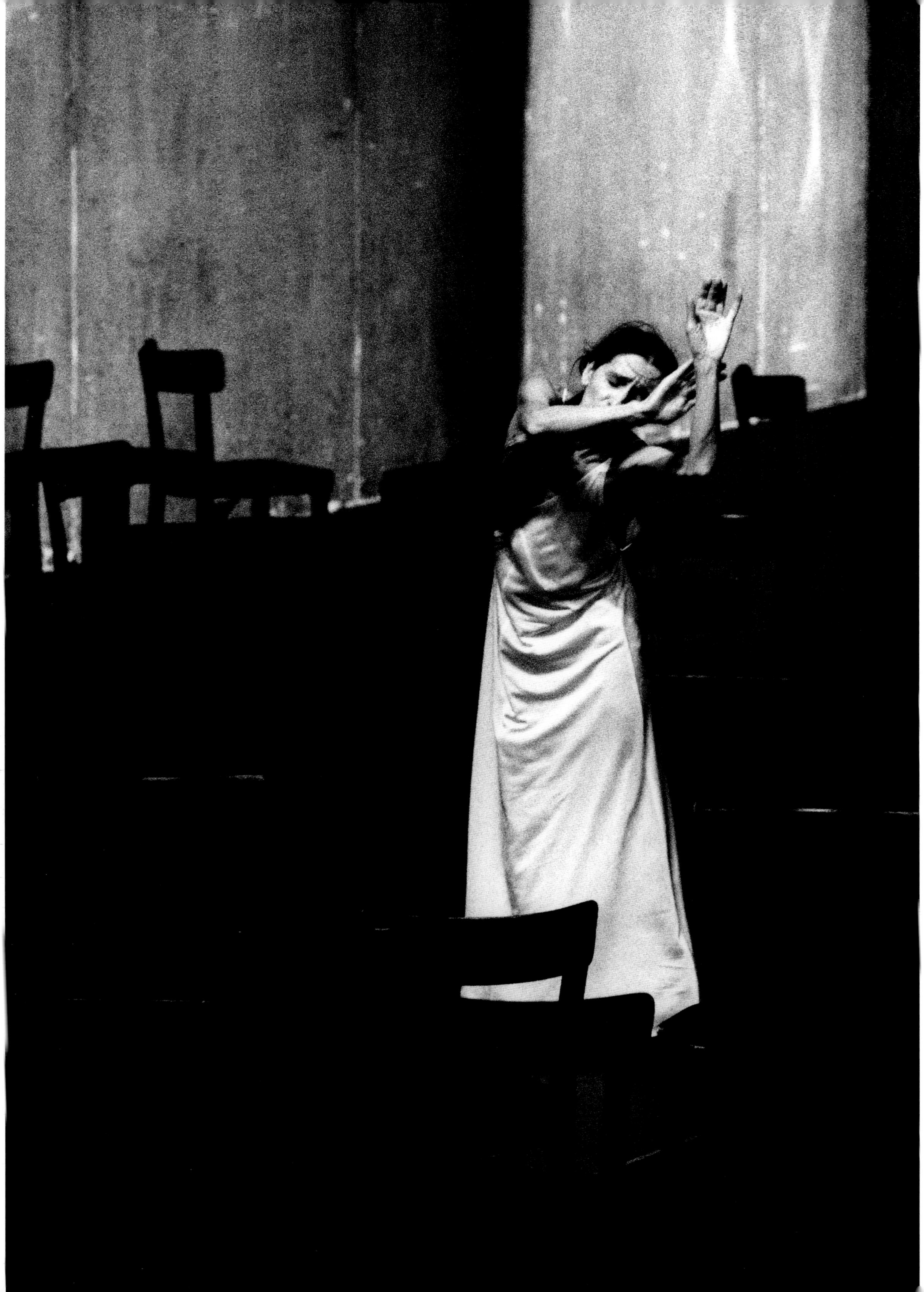

82 Mikio Yahara / Manabu Murakami u.a., Japan: Karate

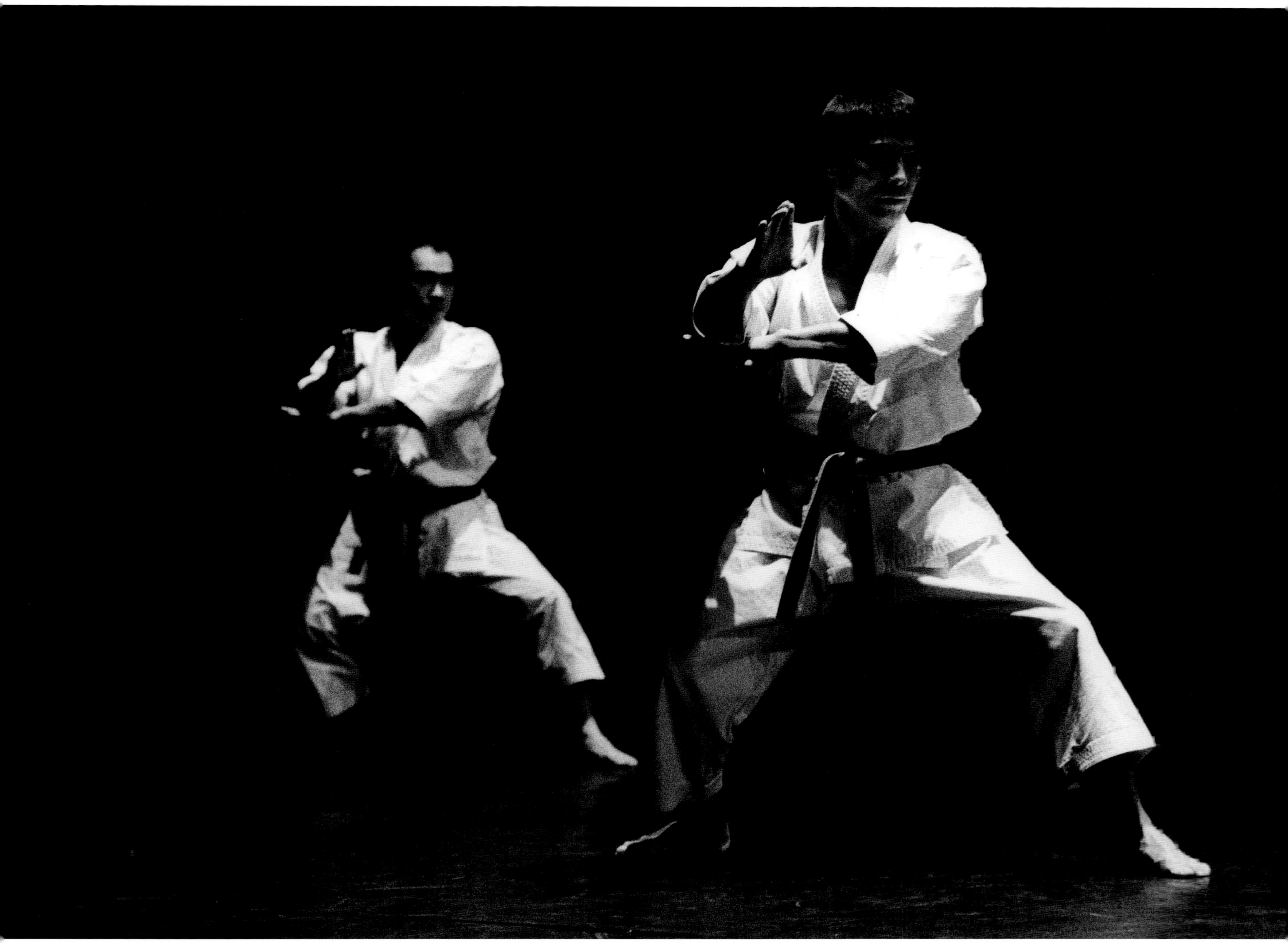

84 Yohji Yamamoto / Pina Bausch: Eine Begegnung zwischen Yohji Yamamoto und Pina Bausch – Pina asked Yohji for "something"

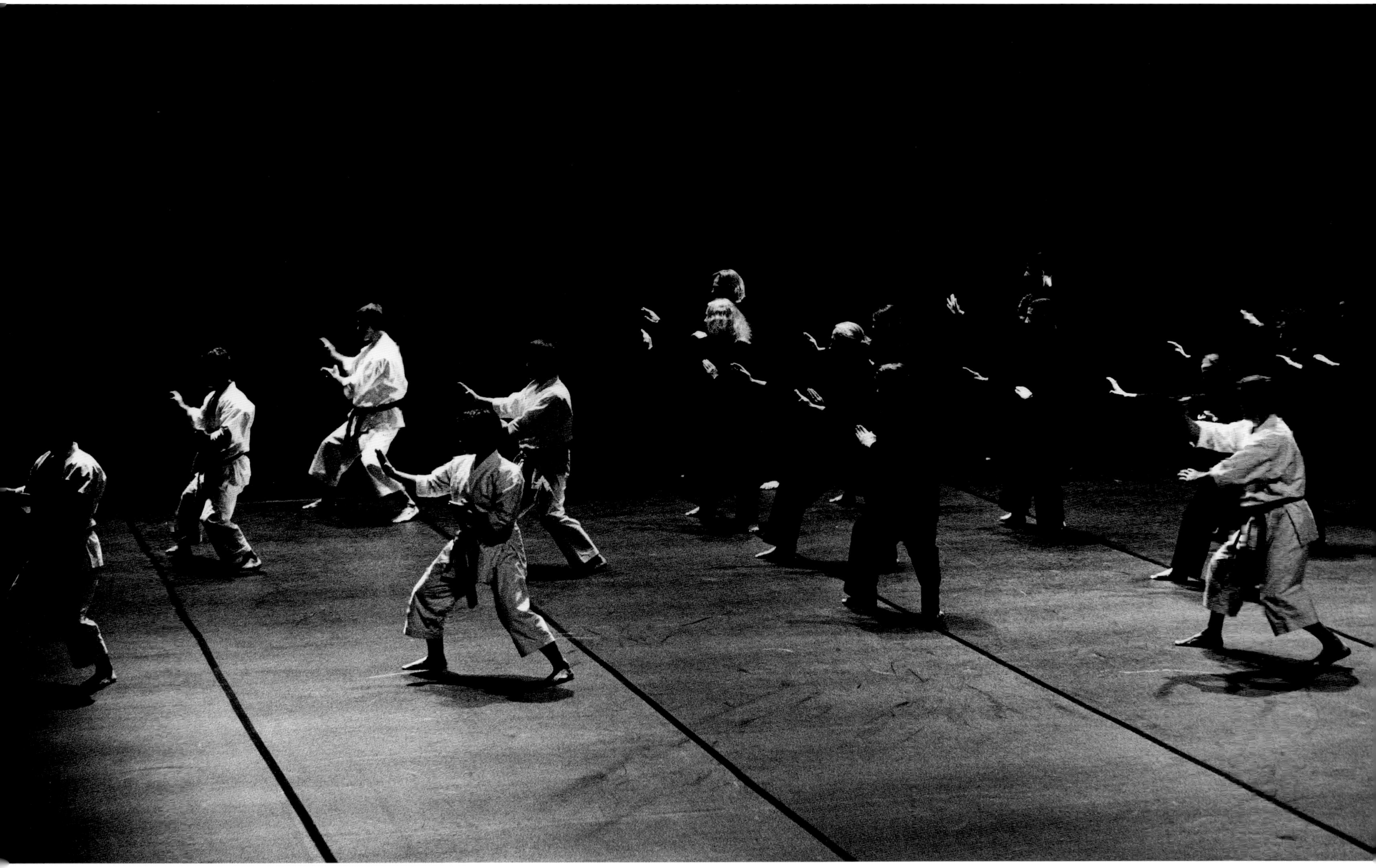

86 Honvéd Ensemble, Budapest: Tänze aus dem Kárpát

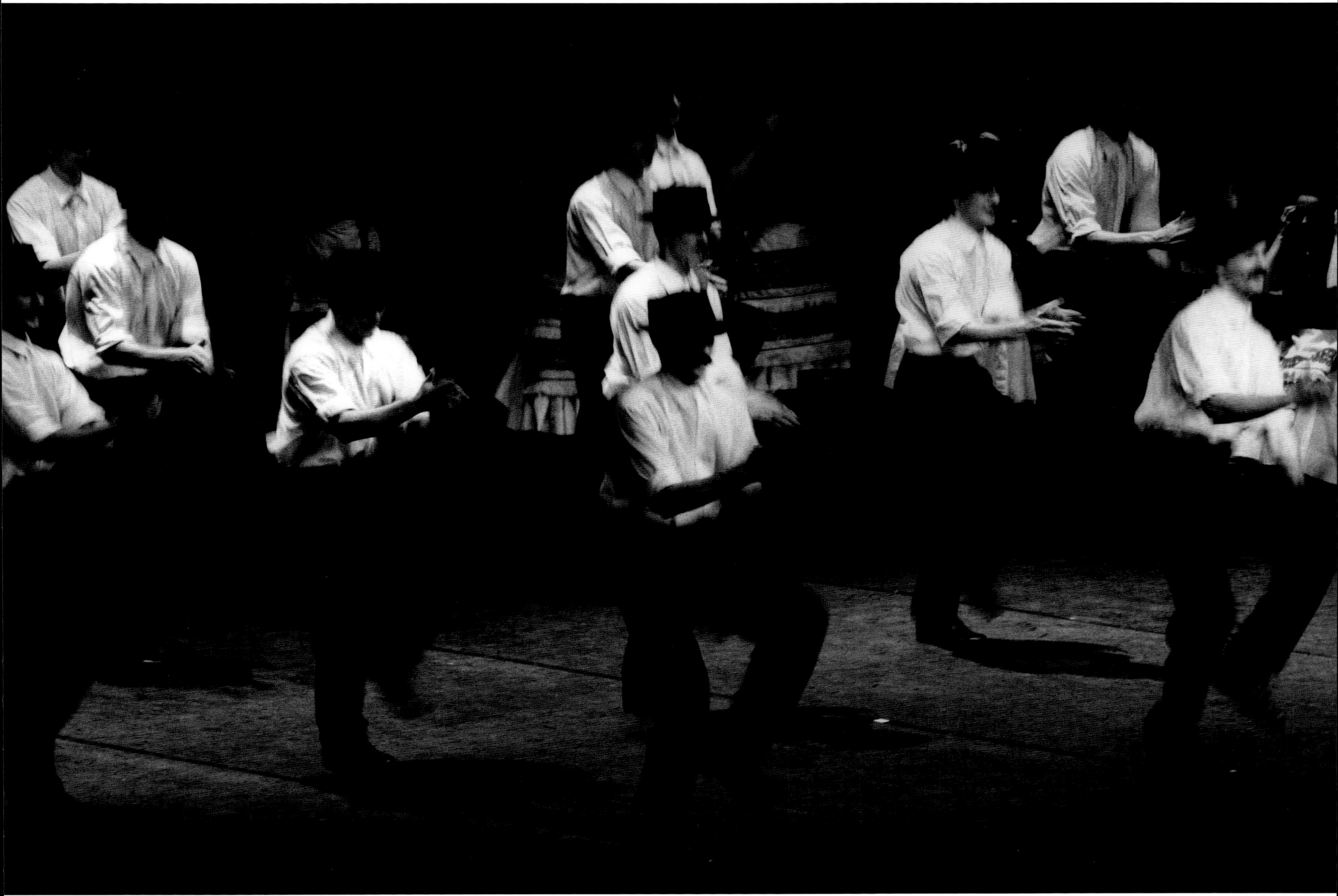

88 Honvéd Ensemble, Budapest: Tänze aus dem Kárpát

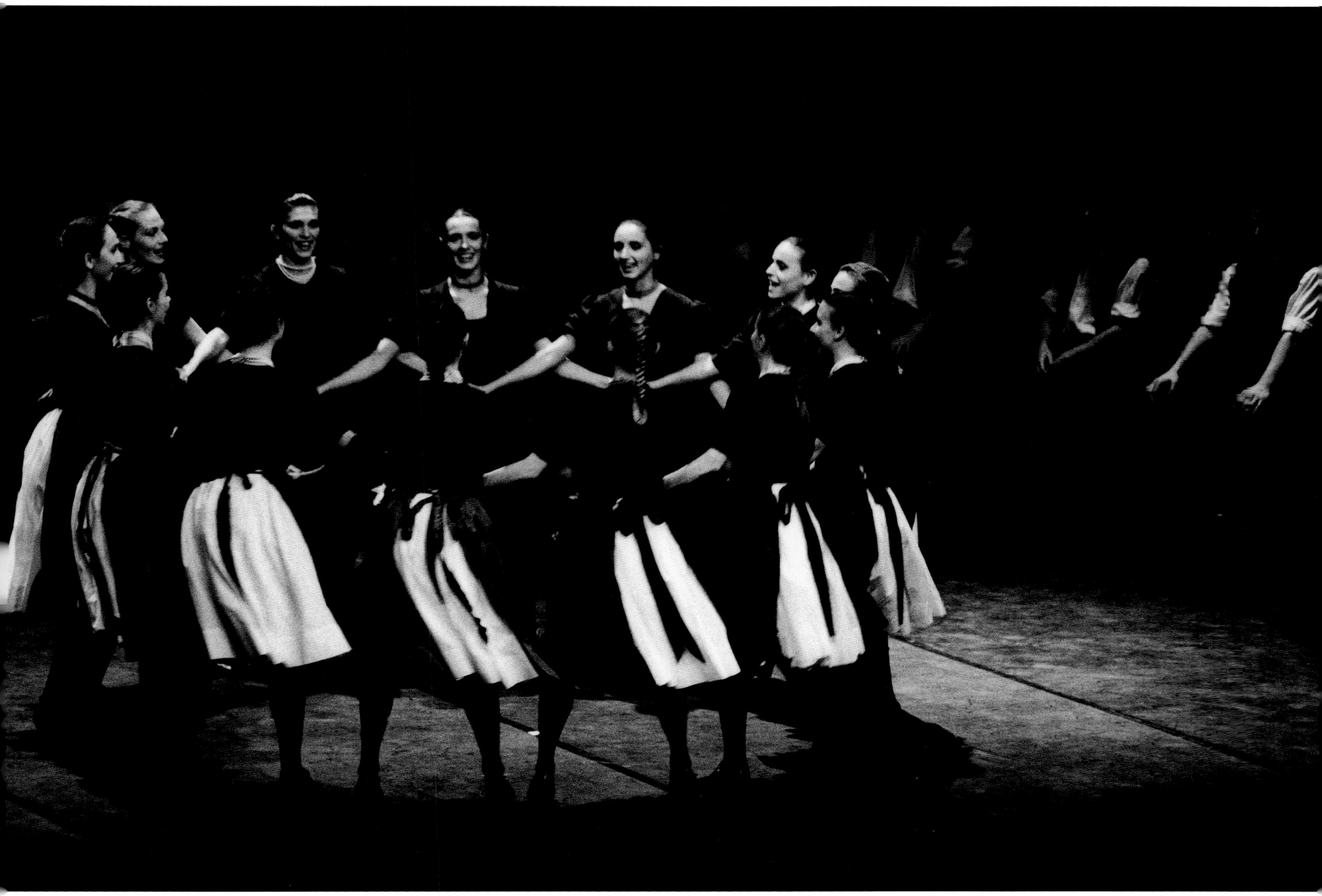

90 Tanztheater Wuppertal – Pina Bausch: Arien – Ein Stück von Pina Bausch

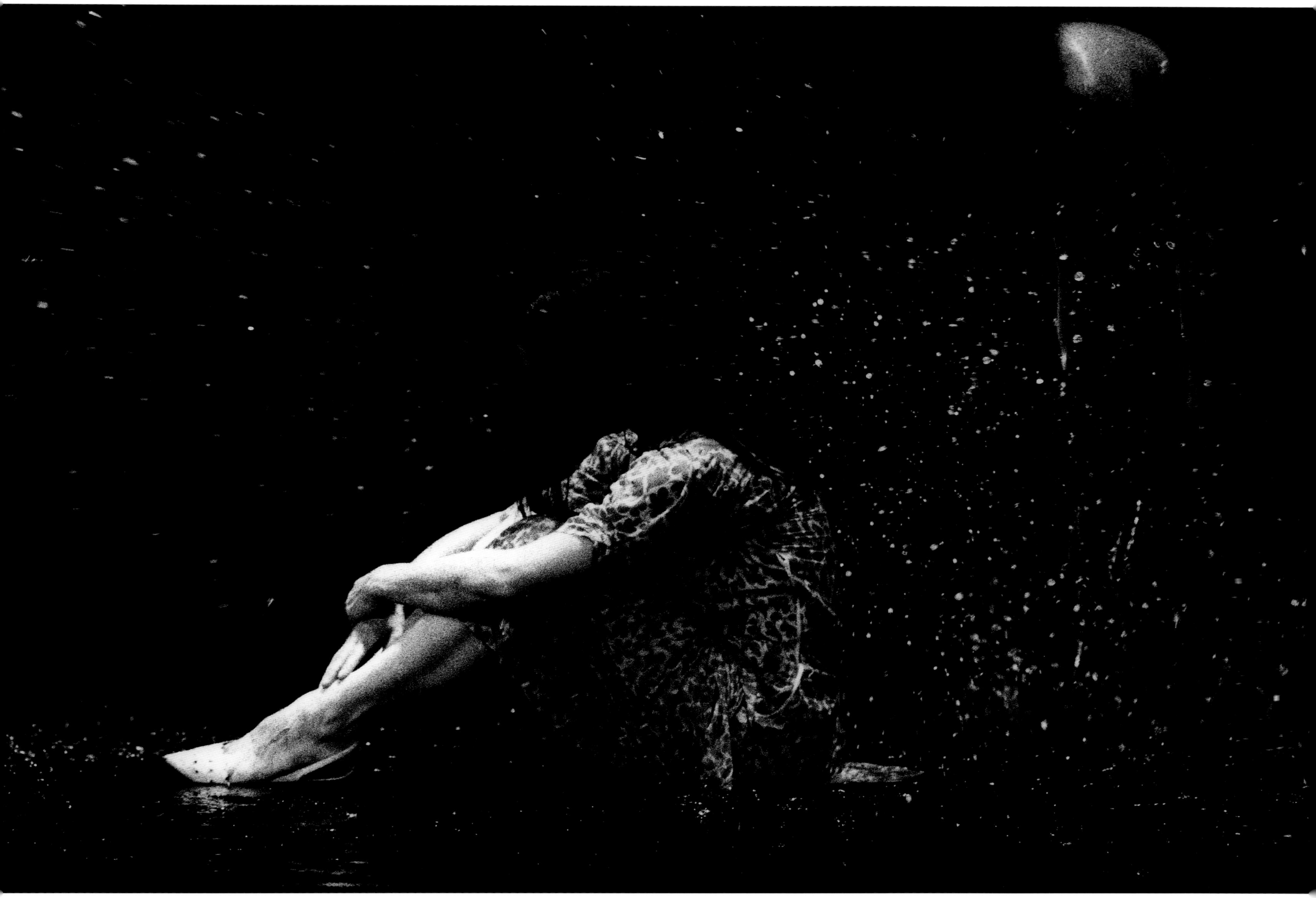

92 Tanztheater Wuppertal – Pina Bausch: Arien – Ein Stück von Pina Bausch

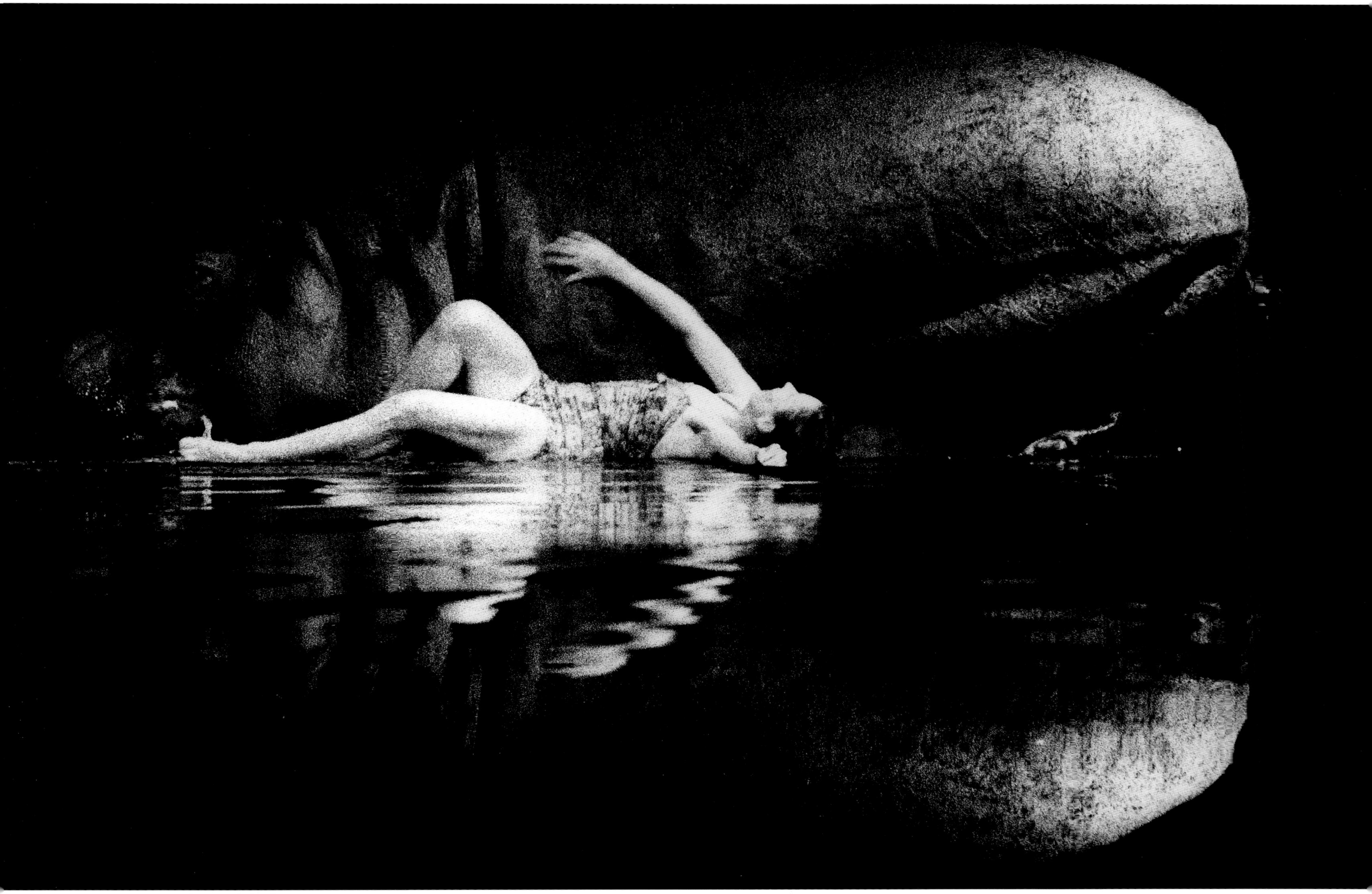

94 Tanztheater Wuppertal – Pina Bausch: Arien – Ein Stück von Pina Bausch

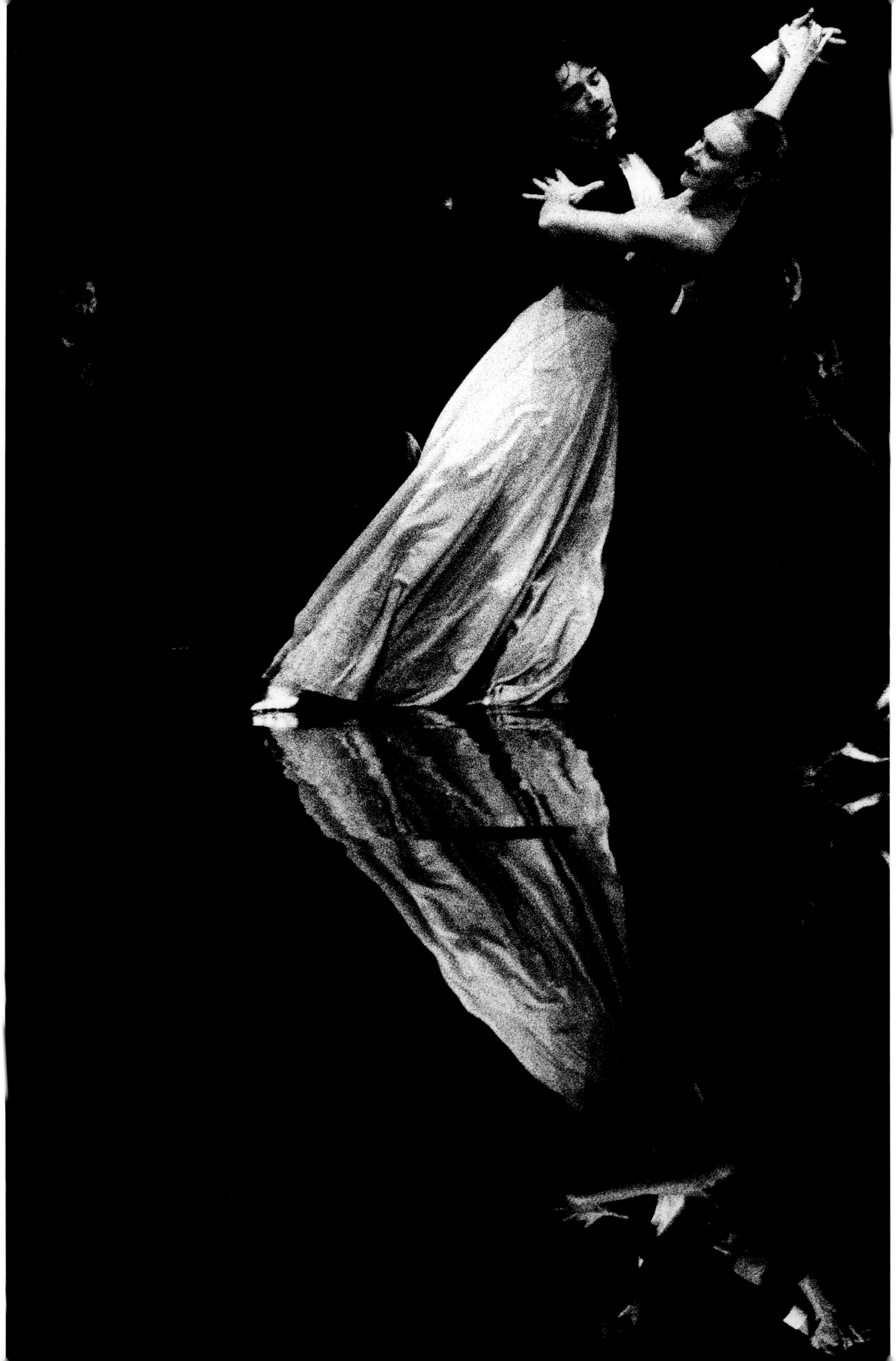

96 Madhavi Mudgal, Indien: Odissi

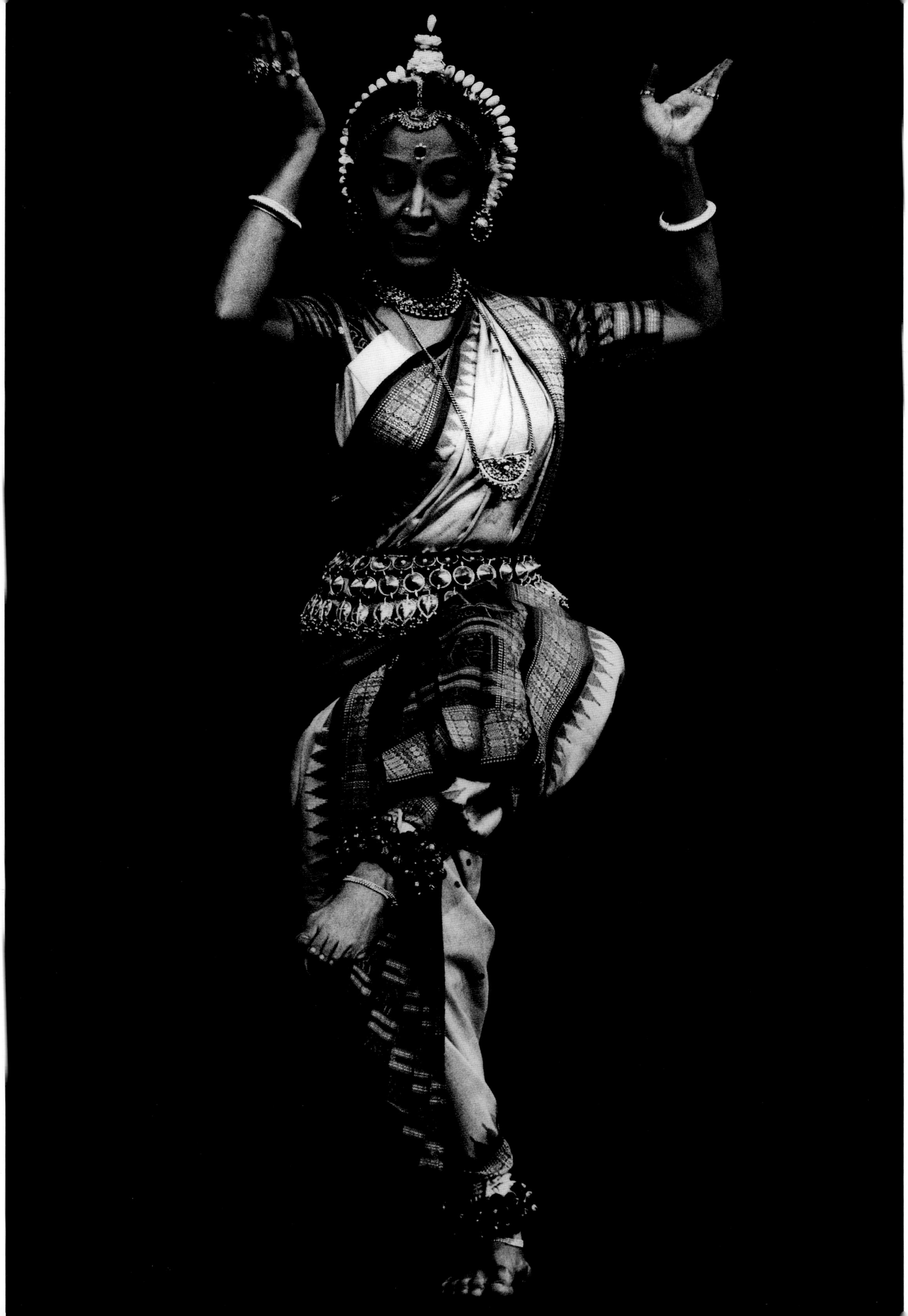

98 Alarmel Valli, Indien: Bharata Natyam

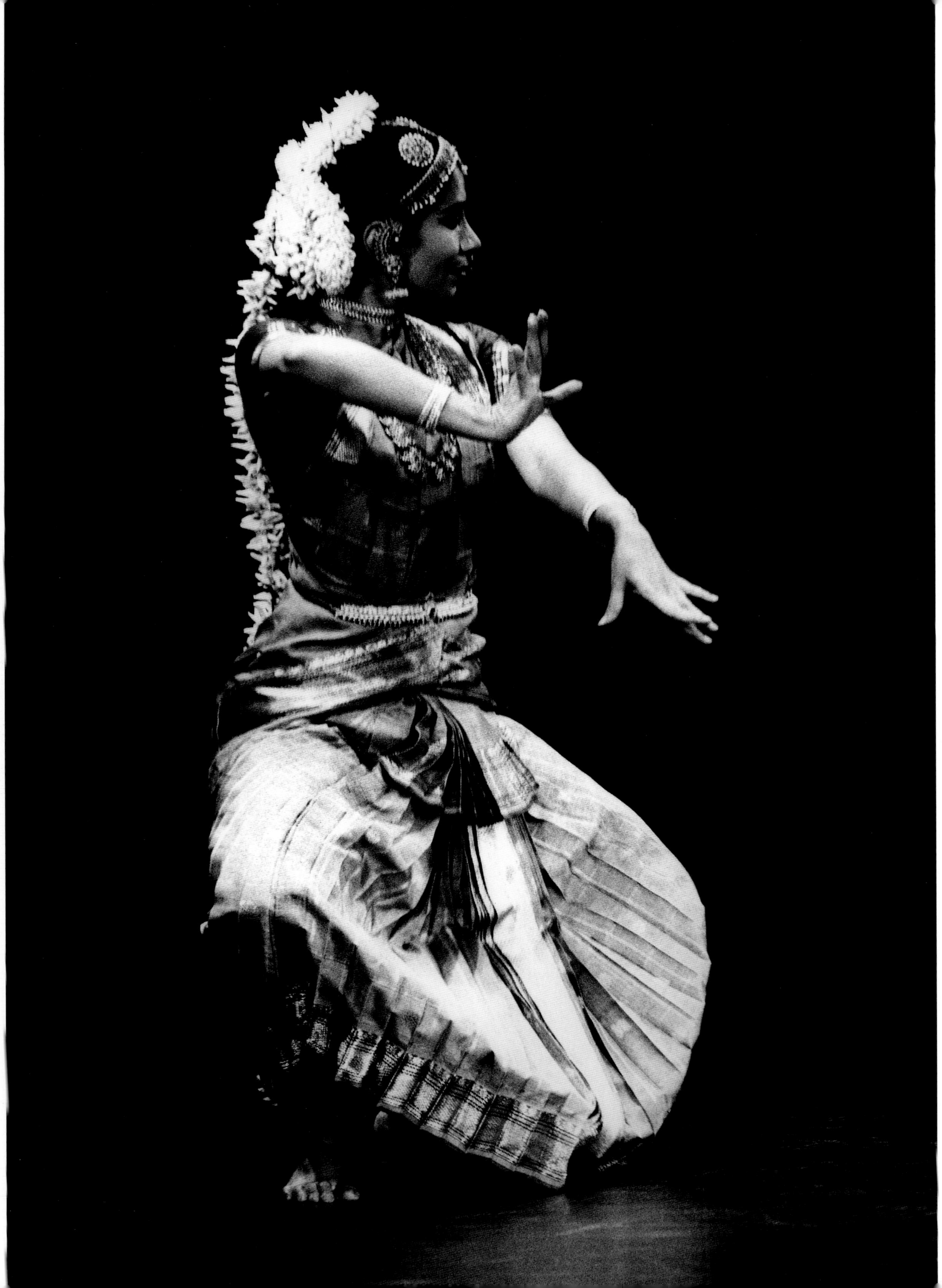

100 Trancetrommeln aus Kerala, Indien: Thayambaka und Panchavadyam

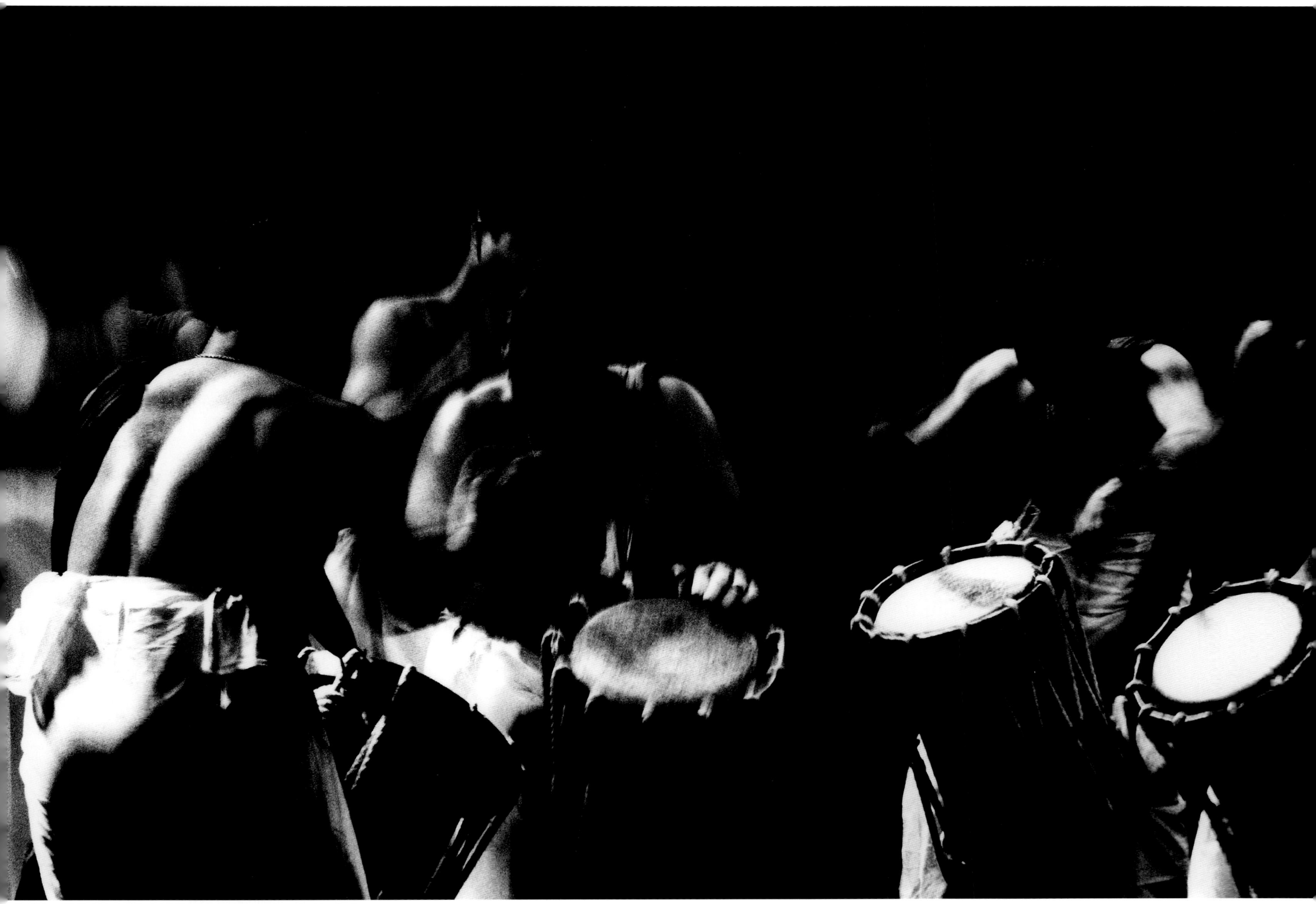

102 Kloster Songshan, Provinz Henan, China: Shaolin Kung Fu

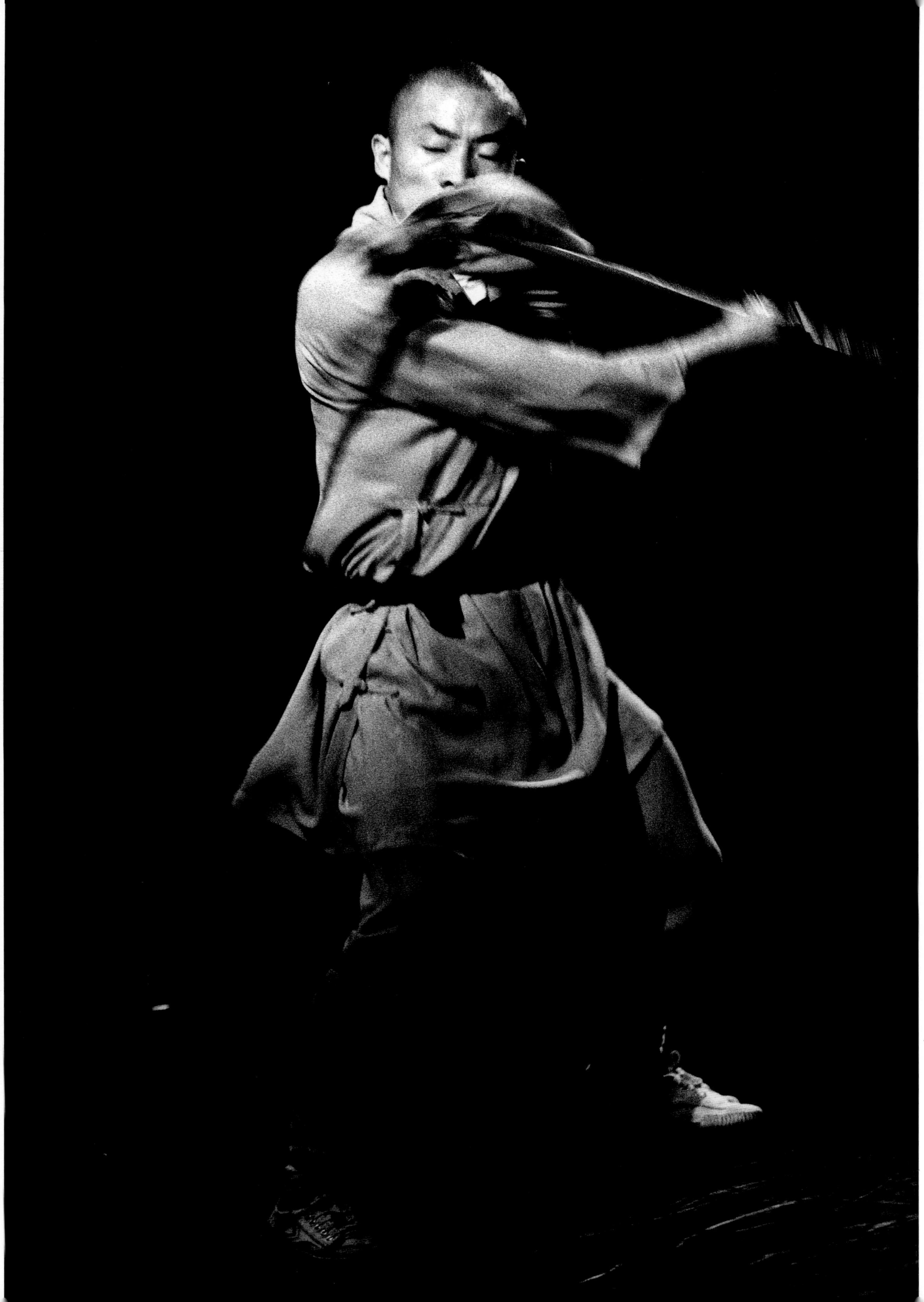

104 Kloster Songshan, Provinz Henan, China: Shaolin Kung Fu

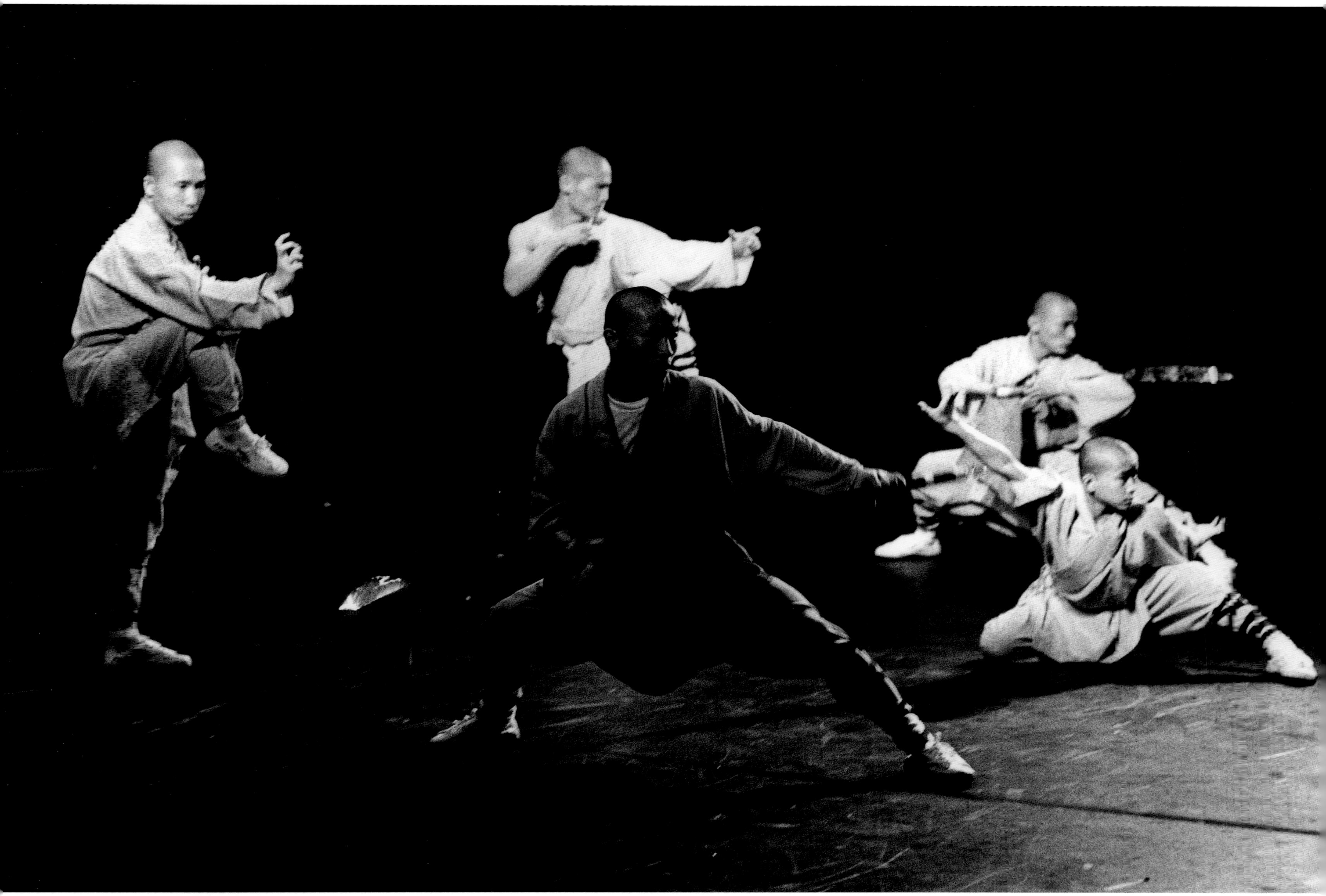

106 Tanztheater Wuppertal – Pina Bausch: Palermo Palermo – Ein Stück von Pina Bausch

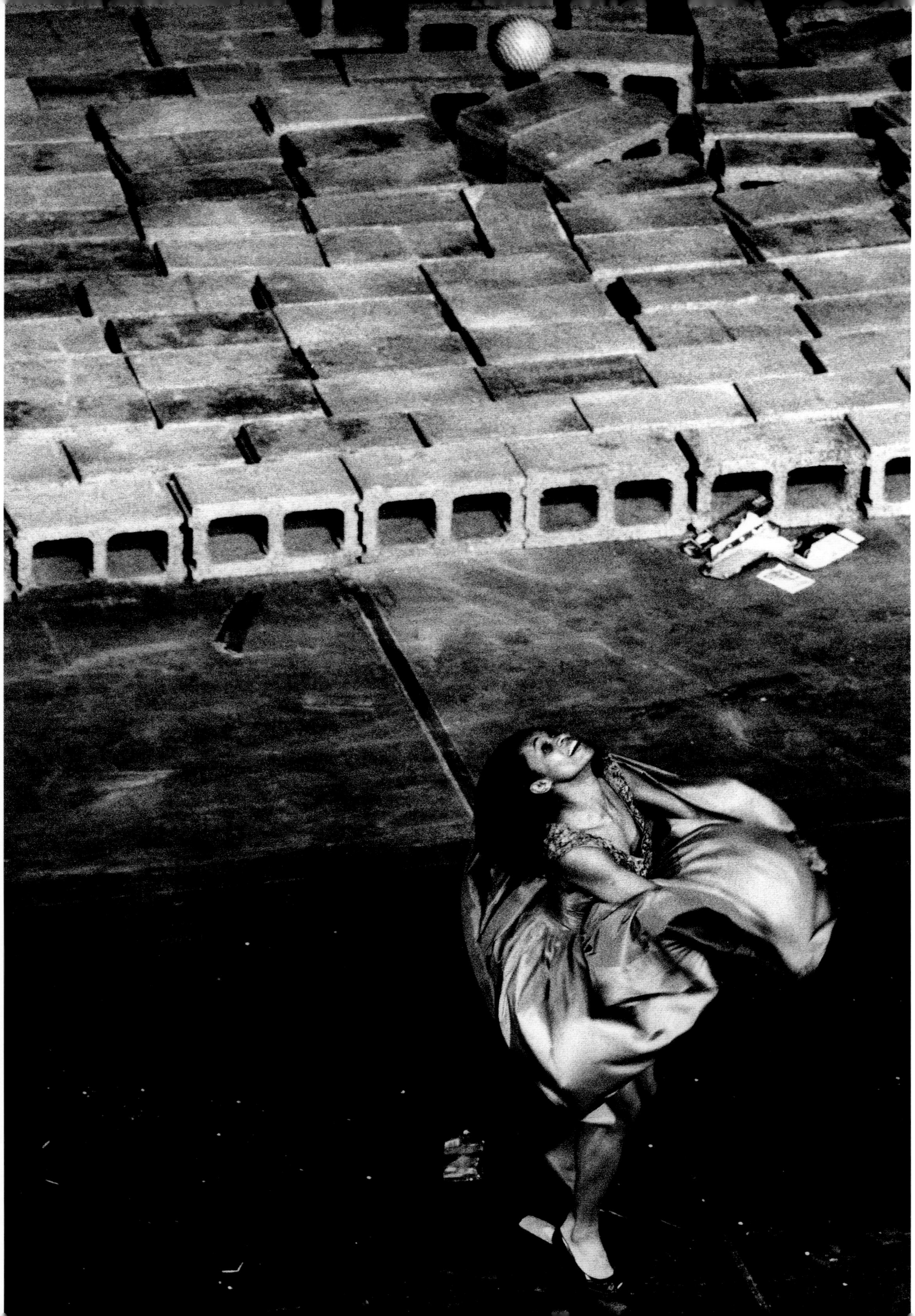

108 Tanztheater Wuppertal – Pina Bausch: Palermo Palermo – Ein Stück von Pina Bausch

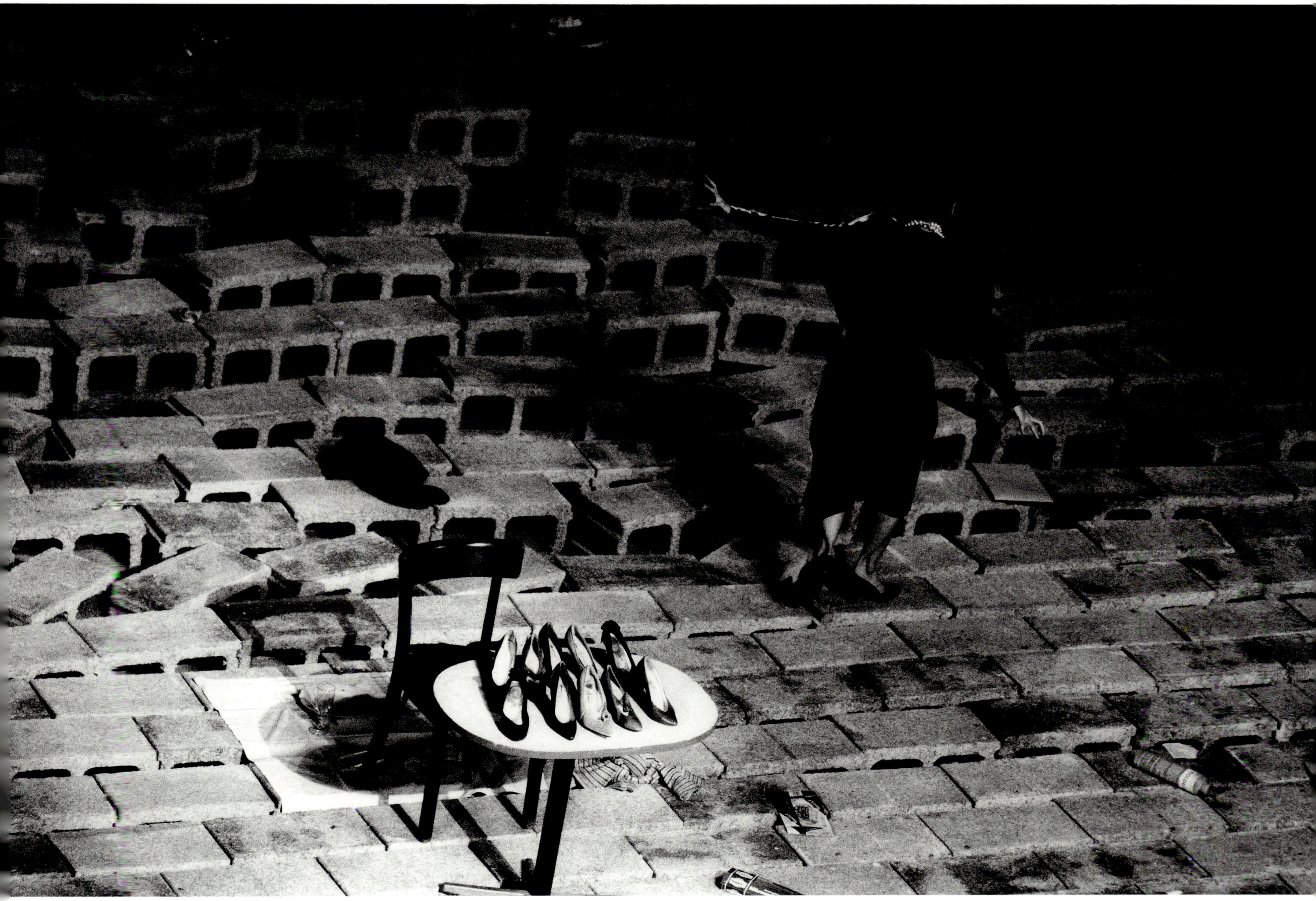

110 Tanztheater Wuppertal – Pina Bausch: Palermo Palermo – Ein Stück von Pina Bausch

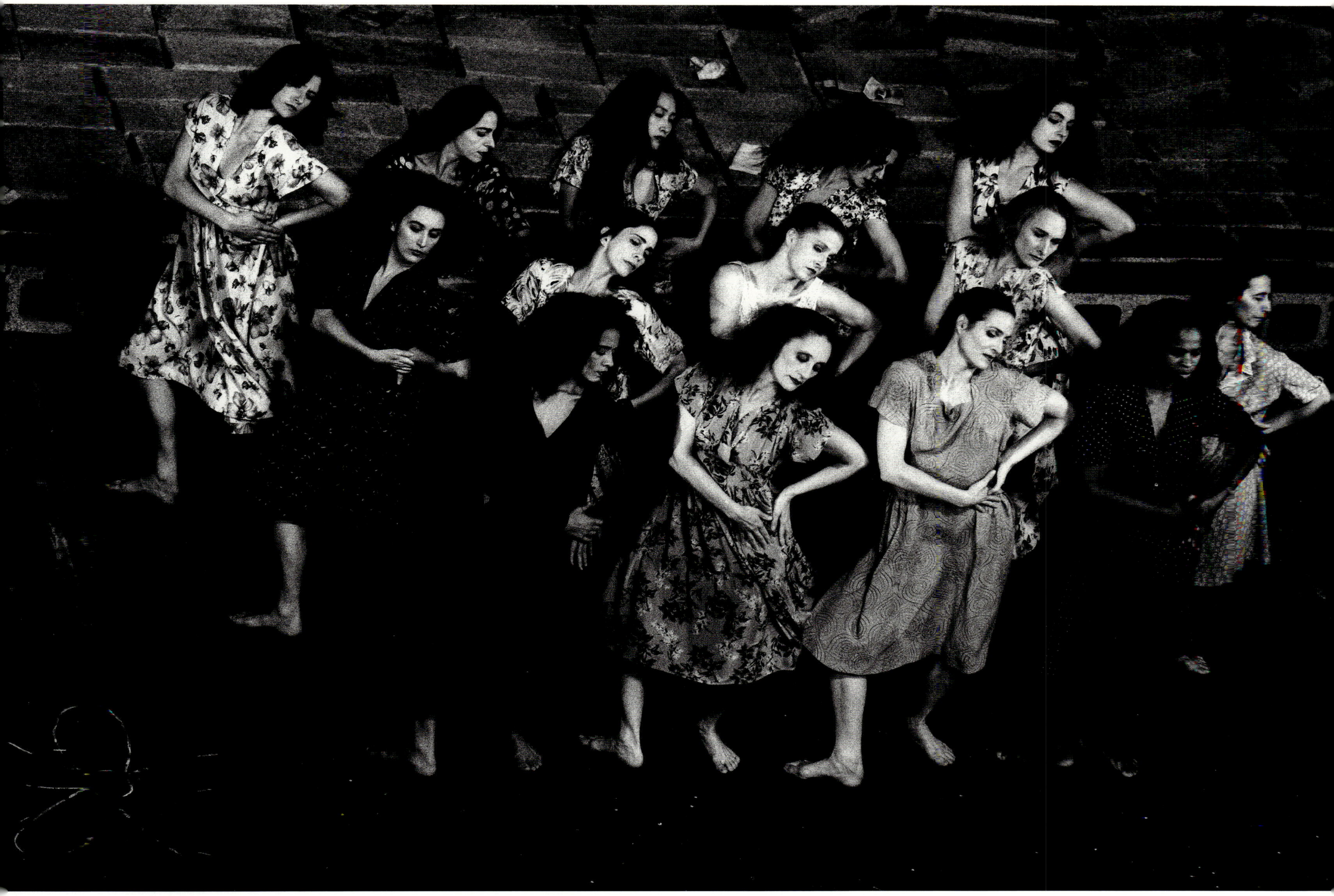

112 Tanztheater Wuppertal – Pina Bausch: Palermo Palermo – Ein Stück von Pina Bausch

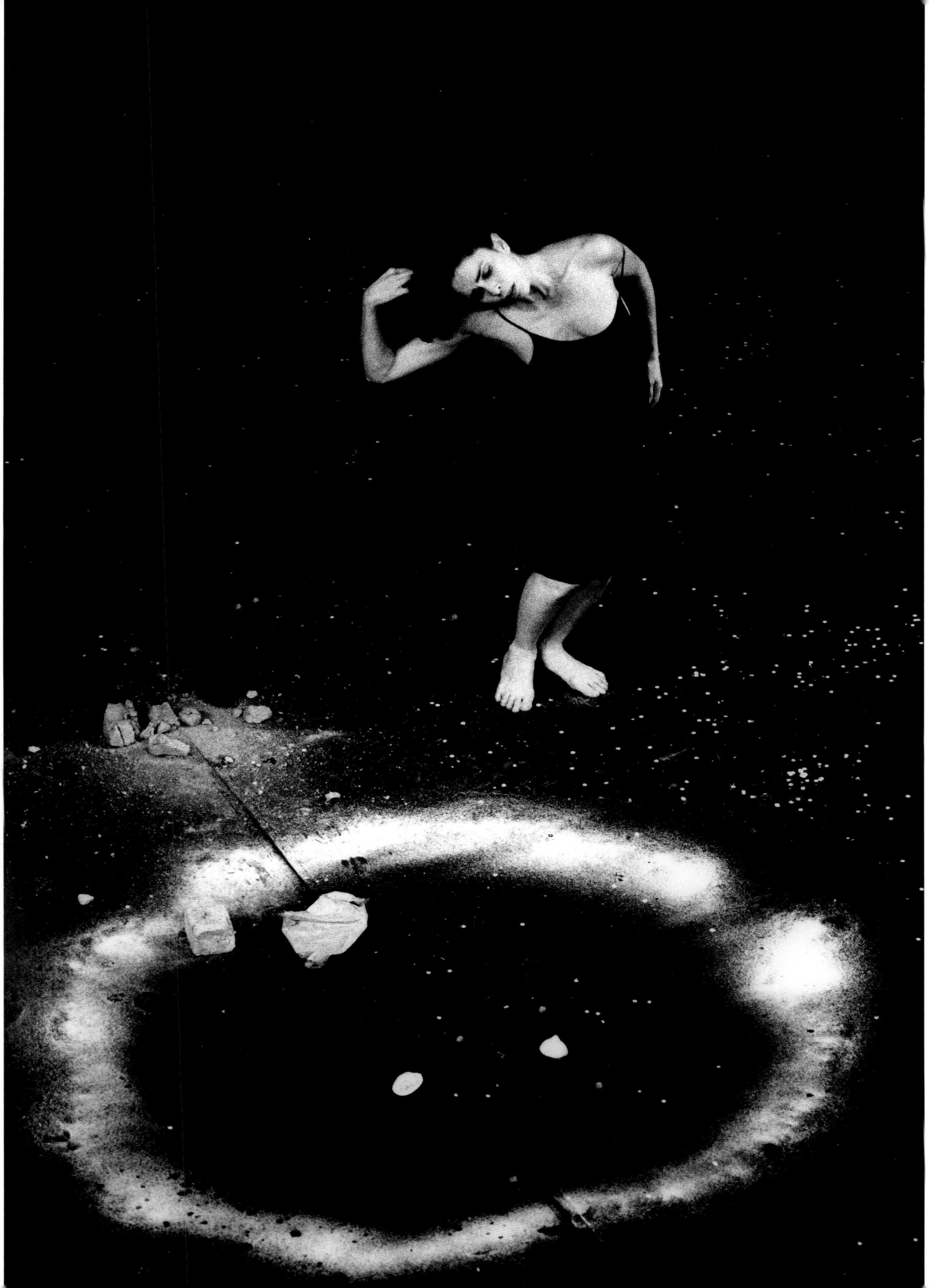

114 Anomalie – Cirque Compagnie, Frankreich: Le Cri du Caméléon

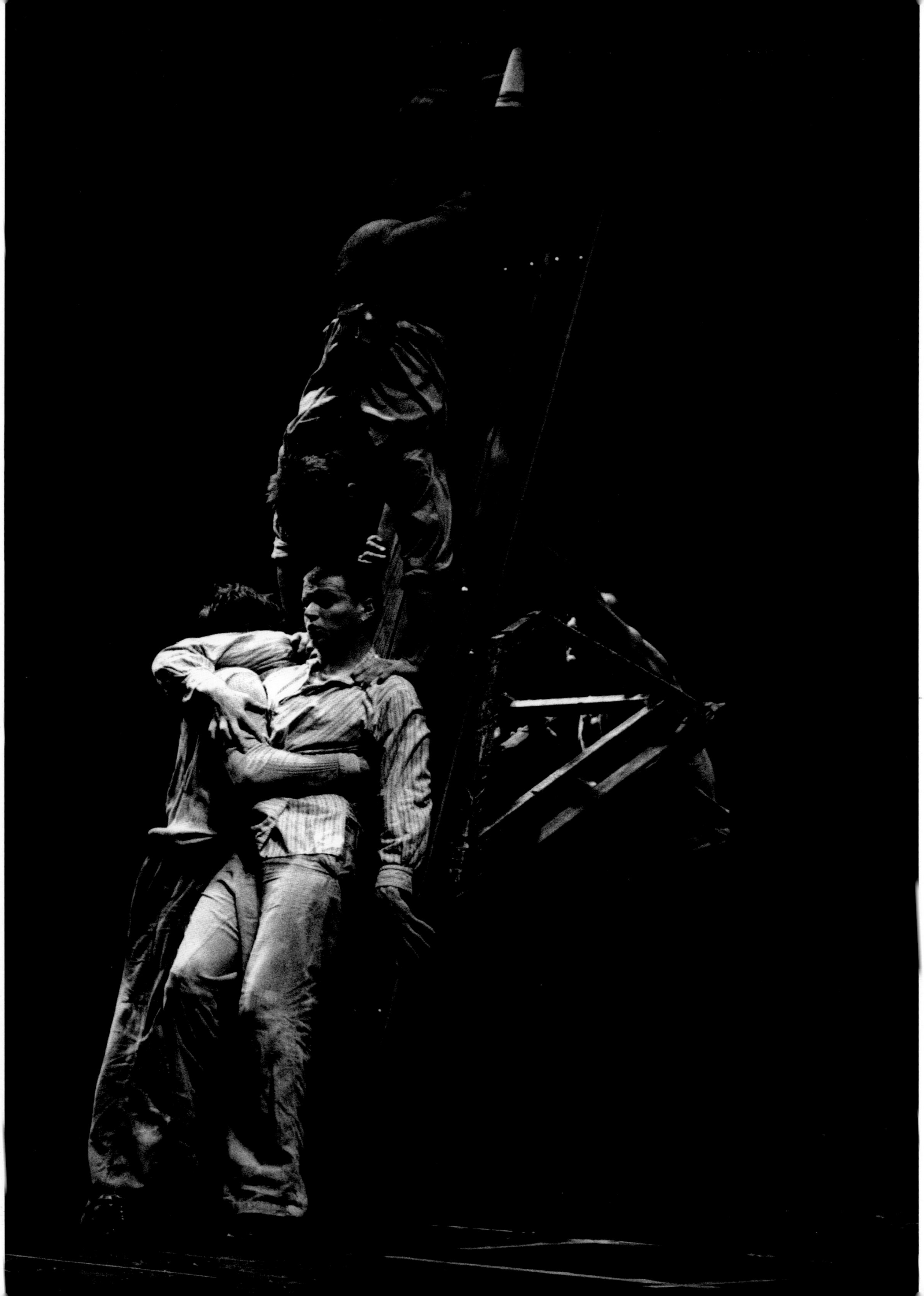

116 Tanztheater Wuppertal – Pina Bausch: Der Fensterputzer – Ein Stück von Pina Bausch

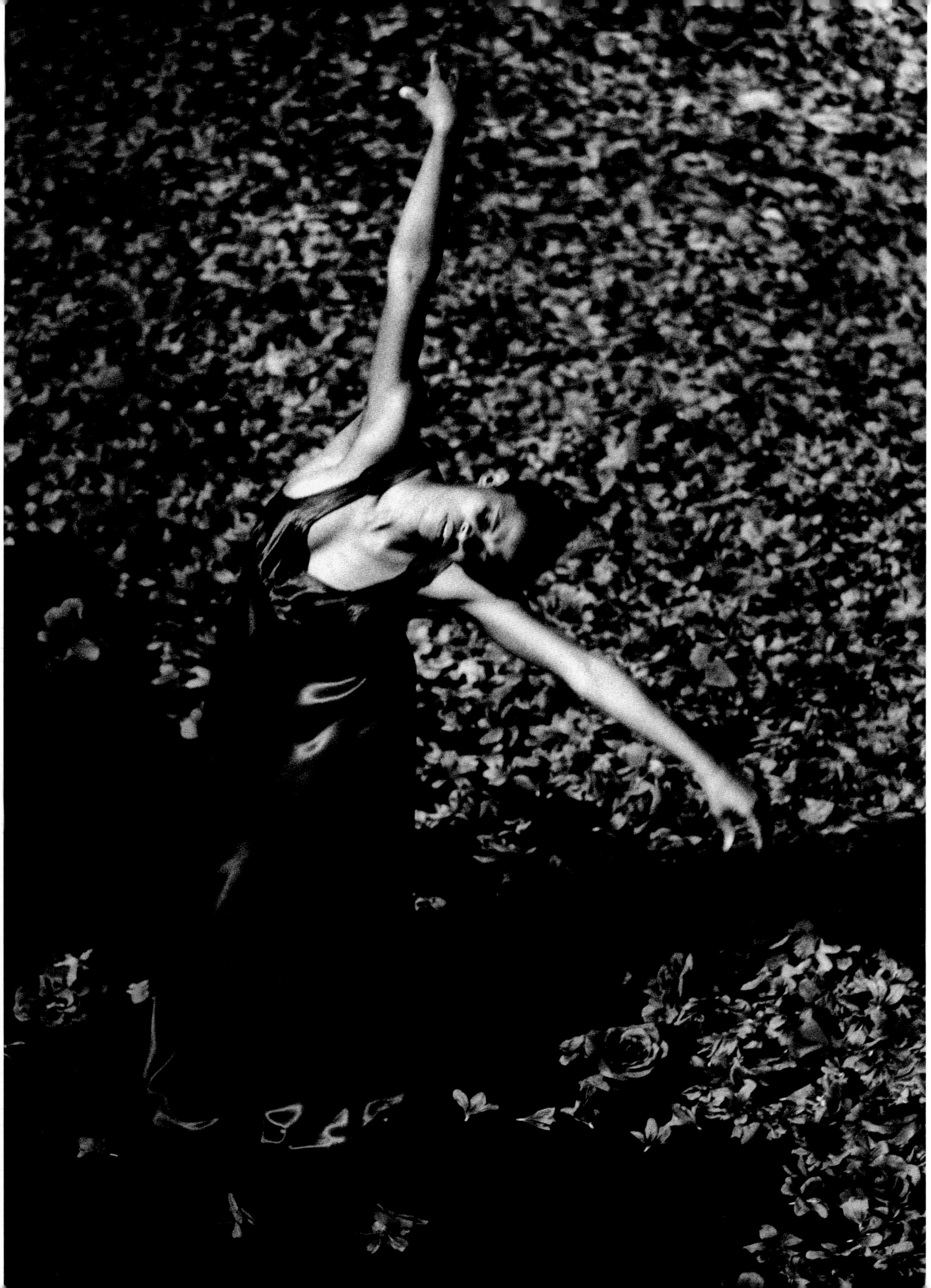

Tanztheater Wuppertal – Pina Bausch: Der Fensterputzer – Ein Stück von Pina Bausch

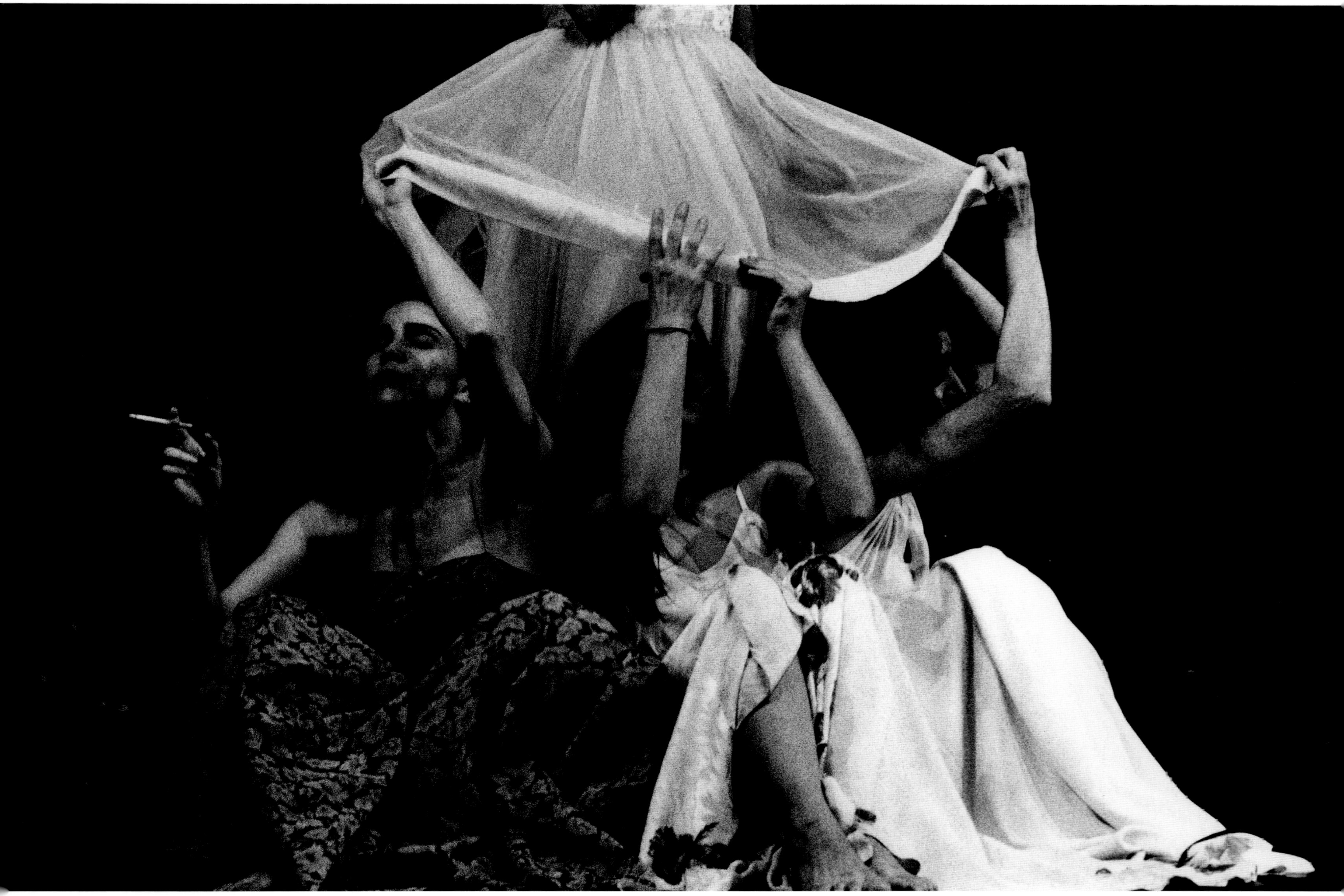

120 Tanztheater Wuppertal – Pina Bausch: Der Fensterputzer – Ein Stück von Pina Bausch

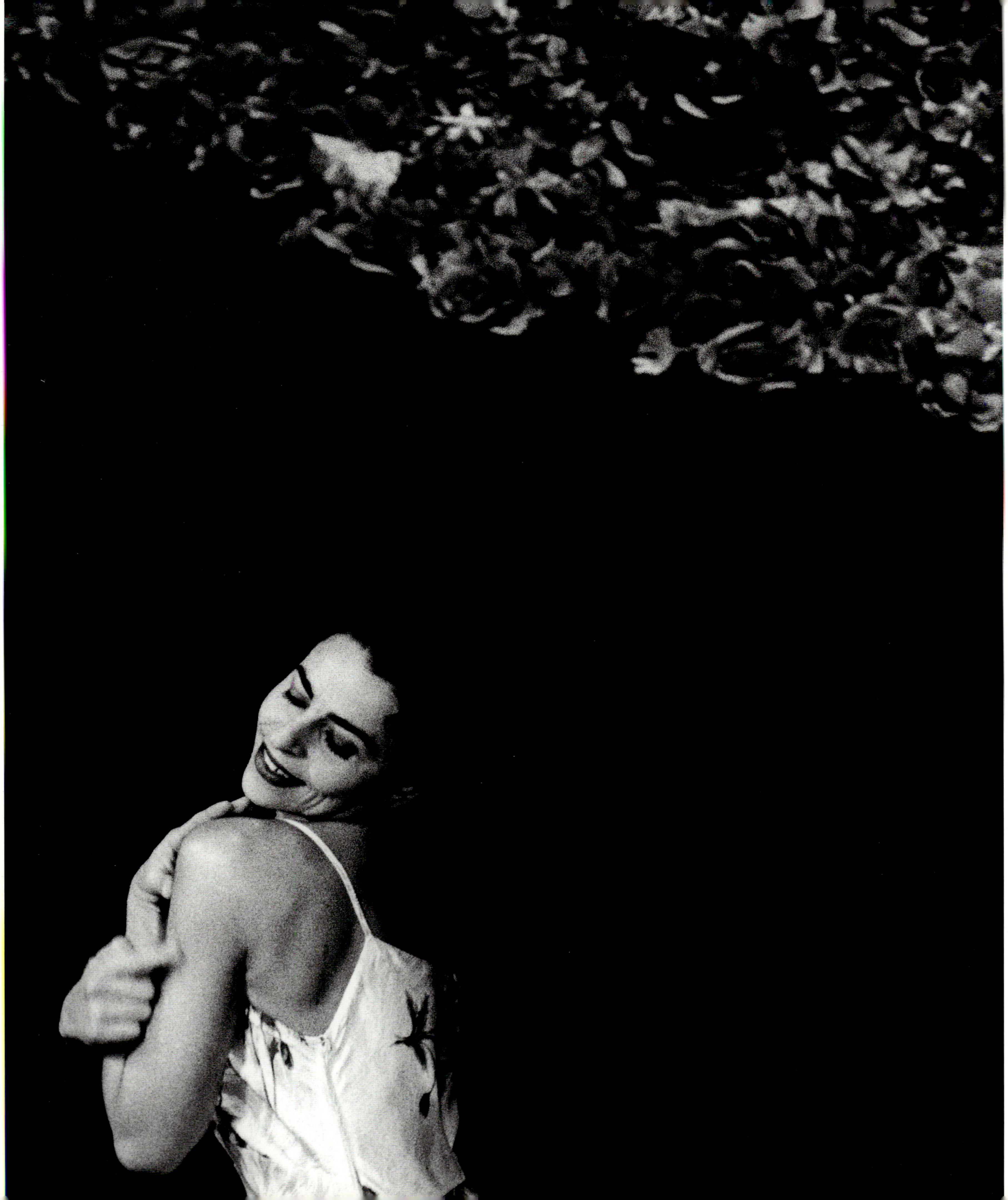

122 Tanztheater Wuppertal – Pina Bausch: Der Fensterputzer – Ein Stück von Pina Bausch

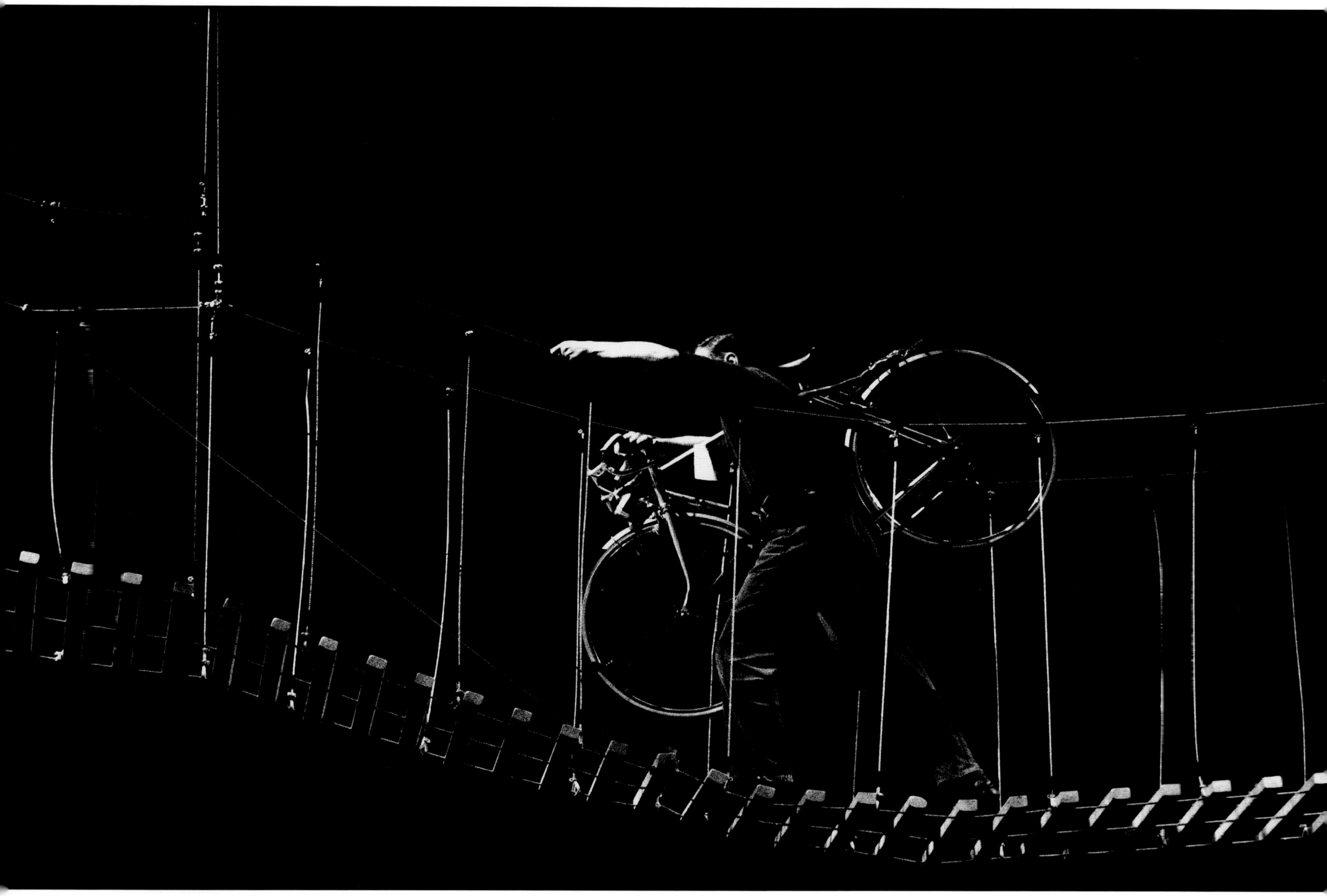

124 Tanztheater Wuppertal – Pina Bausch: Der Fensterputzer – Ein Stück von Pina Bausch

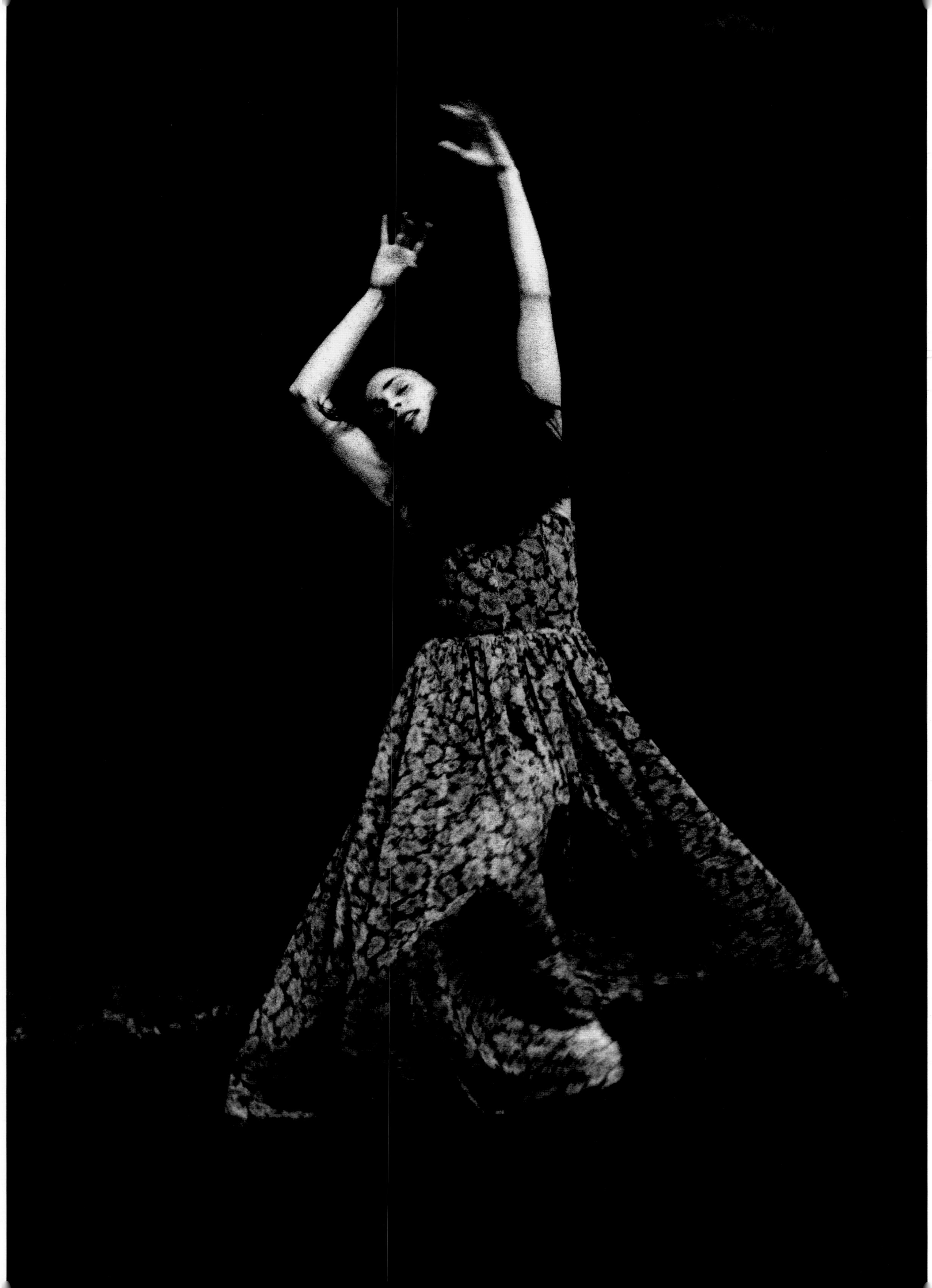

Szenen eines Festes – Scenes of Celebration

DIE PREMIEREN 1998/99
MACBETH
GRÄFIN MARIZA
GORMENGHAST
FAUST
DER ROSENKAVALIER
BAUSCH
REGINA
PELLÉAS ET MÉLISANDE

DIE PREMIEREN 1998/99
MACBETH
GRÄFIN MARIZA
GORMENGHAST
FAUST
DER ROSENKAVALIER
EIN STÜCK VON PINA BAUSCH
REGINA
PELLÉAS ET MÉLISANDE

25 Jahre Tanztheater Wuppertal – Pina Bausch. Szenen eines Festes.

Ein paar Lobreden gehörten natürlich dazu. Der Intendant, der Oberbürgermeister, die Ministerin. Sie gratulierten, würdigten, versuchten in Worte zu fassen, was das bedeutet: 25 Jahre Tanztheater Wuppertal, 25 Jahre, in denen Pina Bausch das, was einem zu dem Begriff Tanz alles einfallen mag, für immer verändert hat. Höflich nahmen die Festgäste die Ausführungen zur Kenntnis. Dann betritt ein rundlicher älterer Herr im Pullover die Bühne, entrollt eine altertümliche Schullandkarte, umkreist wie ein gemütlicher Dorfschullehrer mit dem Zeigestock ein Gebiet und erklärt mit rollendem Akzent: „Wir zeigen jetzt Tänze aus den Karpaten. Die Kreistänze sind zuerst hier entstanden."

Junge Männer in schwarzen Hosen und weißen Hemden, junge Frauen mit Zöpfen und bunten Schürzen zu Rock und Bluse nehmen Aufstellung. Sie tanzen. Die Arme in die Seiten gestützt, den Oberkörper fast starr, bewegen sie scheinbar mit größter Mühelosigkeit Beine und Füße in solcher Präzision und so vollkommenem Einklang, als seien sie Teile eines einzigen vielbeinigen, vielfüßigen Körpers. Es ist, als ob achthundert Menschen im vollbesetzten Wuppertaler Schauspielhaus gleichzeitig den Atem anhalten. Schon nach dem ersten Tanz, beim letzten Ton der auf der Bühne plazierten Kapelle, entlädt sich die kollektive Anspannung in grenzenlosem Jubel.

Wer von diesem Fest, das alle kurz das „Pina Bausch-Fest" nannten, erzählen will, muß von solchen Momenten sprechen: Momente, in denen die Distanz zwischen Bühne und Zuschauerraum aufgehoben schien und die Hingabe der Akteure an ihre Kunst in den Herzen der Zuschauer Feuer der Begeisterung in Brand setzte, als hingen sie an einer einzigen Lunte.

Was das Honvéd Ensemble aus Budapest da zeigte war kein konserviertes, künstlich am Leben gehaltenes Stück Folklore. Es war ganz und gar gegenwärtiger, mitreißender Ausdruck von gemeinschaftlicher Lebensfreude in einer eigenen Sprache, der Sprache des Volkstanzes. „Für uns ist der Volkstanz eine Art Muttersprache", sagt Ferenc Novák, der freundliche kleine Herr mit der Landkarte und Leiter des Ensembles.

Wer von diesem Fest erzählen will, muß von der Vielfalt der Sprachen sprechen, die drei Wochen lang in Wuppertal zu erleben waren, der vielfältigen Sprachen der Körper und des Tanzes.

Da gab es die uralte Sprache des indischen Tanzes, in der jede Geste ihre genau festgelegte Bedeutung hat, oder die bilderreiche Sprache der Tänze aus Bali, die von Mythen und Legenden erzählt und die das Wuppertaler Schauspielhaus mit klang- und farbenprächtigem exotischen Zauber füllten.

Mit seiner schweigsamen, aus dem Butoh-Tanz erwachsenen Körper-Sprache beeindruckte das Ensemble Sankai Juku aus Japan in Ushio Amagatsus Stück „Shijima". Keine seelische Regung spiegelt sich auf den maskenhaft starren Gesichtern der kahlgeschorenen, mit Sandfarbe bedeckten Tänzer. In großer Langsamkeit ausgeführte Bewegungen kommen wie aus dem tiefsten Inneren. Als würde in aus Lehm geformten Menschenwesen am Anfang der Zeit zum ersten Mal das Leben erwachen, vermittelt jede Geste das Wunder der Bewegung. Dazu nichts als das Geräusch von Wind, ein- und ausströmend wie der Atem der Welt. Immer wieder finden die Tänzer nach sich steigernden, kreiselnden, den Sand vom Bühnenboden aufwirbelnden Bewegungen zu solch meditativen Momenten zurück, fallen aus der expressiven Körpersprache zurück ins Schweigen.

Minutenlange, bewegungslose Stille herrscht auch am Anfang des vom Cloud Gate Dance Theatre aus Taipei mitgebrachten Stücks „Songs of the Wanderers". Nur Reis rinnt unaufhörlich vom Bühnenhimmel wie ein Wasserstrahl und trifft prasselnd auf den kahlen Schädel eines Tänzers, der wie ein buddhistischer Mönch in meditativer Versenkung verharrt. Als sei er schon am Ziel der langen, mühsamen Wanderschaft, welche die Tänzerinnen und Tänzer, auf Stöcke und Stäbe gestützt, noch vor sich haben. Schreitend, schleppend, kriechend, einander tragend finden sie zu immer neuen sorgsam choreographierten Formationen zusammen. Choreograph Lin Hwai-min, der ebenso wie Pina Bausch 1998 mit seiner

25 Jahre Tanztheater Wuppertal – Pina Bausch. Szenen eines Festes.

Ein paar Lobreden gehörten natürlich dazu. Der Intendant, der Oberbürgermeister, die Ministerin. Sie gratulierten, würdigten, versuchten in Worte zu fassen, was das bedeutet: 25 Jahre Tanztheater Wuppertal, 25 Jahre, in denen Pina Bausch das, was einem zu dem Begriff Tanz alles einfallen mag, für immer verändert hat. Höflich nahmen die Festgäste die Ausführungen zur Kenntnis. Dann betritt ein rundlicher älterer Herr im Pullover die Bühne, entrollt eine altertümliche Schullandkarte, umkreist wie ein gemütlicher Dorfschullehrer mit dem Zeigestock ein Gebiet und erklärt mit rollendem Akzent: „Wir zeigen jetzt Tänze aus den Karpaten. Die Kreistänze sind zuerst hier entstanden."

Junge Männer in schwarzen Hosen und weißen Hemden, junge Frauen mit Zöpfen und bunten Schürzen zu Rock und Bluse nehmen Aufstellung. Sie tanzen. Die Arme in die Seiten gestützt, den Oberkörper fast starr, bewegen sie scheinbar mit größter Mühelosigkeit Beine und Füße in solcher Präzision und so vollkommenem Einklang, als seien sie Teile eines einzigen vielbeinigen, vielfüßigen Körpers. Es ist, als ob achthundert Menschen im vollbesetzten Wuppertaler Schauspielhaus gleichzeitig den Atem anhalten. Schon nach dem ersten Tanz, beim letzten Ton auf der Bühne plazierten Kapelle, entlädt sich die kollektive Anspannung in grenzenlosem Jubel.

Wer von diesem Fest, das alle kurz das „Pina Bausch-Fest", nannten, erzählen will, muß von solchen Momenten sprechen; Momente, in denen die Distanz zwischen Bühne und Zuschauerraum aufgehoben schien und die Hingabe der Akteure an ihre Kunst in den Herzen der Zuschauer Feuer der Begeisterung in Brand setzte, als hingen sie an einer einzigen Lunte.

Was das Honvéd Ensemble aus Budapest da zeigte war kein konserviertes, künstlich am Leben gehaltenes Stück Folklore. Es war ganz und gar gegenwärtiger, mitreißender Ausdruck von gemeinschaftlicher Lebensfreude in einer eigenen Sprache, der Sprache des Volkstanzes. „Für uns ist der Volkstanz eine Art Muttersprache", sagt Ferenc Novák, der freundliche kleine Herr mit der Landkarte und Leiter des Ensembles.

Wer von diesem Fest erzählen will, muß von der Vielfalt der Sprachen sprechen, die drei Wochen lang in Wuppertal zu erleben waren, der vielfältigen Sprachen der Körper und des Tanzes.

Da gab es die uralte Sprache des indischen Tanzes, in der jede Geste ihre genau festgelegte Bedeutung hat, oder die bilderreiche Sprache der Tänze aus Bali, die von Mythen und Legenden erzählt und die das Wuppertaler Schauspielhaus mit klang- und farbenprächtigem exotischen Zauber füllten.

Mit seiner schweigsamen, aus dem Butoh-Tanz erwachsenen Körper-Sprache beeindruckte das Ensemble Sankai Juku aus Japan in Ushio Amagatsus Stück „Shijima". Keine seelische Regung spiegelt sich auf den maskenhaft starren Gesichtern der kahlgeschorenen, mit Sandfarbe bedeckten Tänzer. In großer Langsamkeit ausgeführte Bewegungen kommen wie aus dem tiefsten Inneren. Als würde in aus Lehm geformten Menschenwesen am Anfang der Zeit zum ersten Mal das Leben erwachen, vermittelt jede Geste das Wunder der Bewegung. Dazu nichts als das Geräusch von Wind, ein- und ausströmend wie der Atem der Welt. Immer wieder finden die Tänzer nach sich steigernden, kreiselnden, den Sand vom Bühnenboden aufwirbelnden Bewegungen zu solch meditativen Momenten zurück, fallen aus der expressiven Körpersprache zurück ins Schweigen.

Minutenlange, bewegungslose Stille herrscht auch am Anfang des vom Cloud Gate Dance Theatre aus Taipei mitgebrachten Stücks „Songs of the Wanderers". Nur Reis rinnt unaufhörlich vom Bühnenhimmel wie ein Wasserstrahl und trifft prasselnd auf den kahlen Schädel eines Tänzers, der wie ein buddhistischer Mönch in meditativer Versenkung verharrt. Als sei er schon am Ziel der langen, mühsamen Wanderschaft, welche die Tänzerinnen und Tänzer, auf Stöcke und Stäbe gestützt, noch vor sich haben. Schreiend, schleppend, kriechend, einander tragend finden sie zu immer neuen sorgsam choreographierten Formationen zusammen. Choreograph Lin Hwai-min, der ebenso wie Pina Bausch 1998 mit seiner

25 Years of Tanztheater Wuppertal – Pina Bausch. Scenes of Celebration.

No anniversary without eulogies. The artistic director, the lord mayor, the secretary of state. Congratulations, grateful acknowledgements, attempts at putting into words what 25 years of Tanztheater Wuppertal means, 25 years in whose course Pina Bausch irrevocably changed whatever connotations the term "dance" may have for us. The audience listened politely. Then, a plump gentleman of mature age enters the stage, unrolls an old-fashioned school map, circles an area with his pointer and, in rolling accents, explains: "We will now show dances from the Carpathians. It is here that round dances first evolved."

Young men in black trousers and white shirts, young women with braids and bright aprons worn over skirts and blouses get into position. They dance. Arms akimbo, their torsos almost rigid, they move feet and legs with the greatest precision, in perfect harmony and without apparent effort, forming a single multipede body. The eight hundred people crowded into the full house of the Wuppertal theatre seem to be holding their breath. At the end of the very first dance, as soon as the band placed on the stage has played the final note, their concentrated tension finds relief in boundless jubilation.

When telling of this celebration – everyone simply called it the "Pina Bausch Celebration." – we cannot but focus on moments like these: moments when the distance between stage and audience seemed to close, when the dedication of the actors to their art kindled flames of enthusiasm in the hearts of the audience, as if they were all attached to a single fuse.

What the Honvéd Ensemble from Budapest was showing here was no dehydrated piece of folklore kept alive artificially. It was a wholly contemporary, thrilling expression of communal zest for life in a specific idiom, the idiom of folk dances. "For us, folk dances are a kind of mother tongue.", said Ferenc Novák, the small friendly gentleman with the map who directs the ensemble.

When telling of this celebration, we also have to tell of the wide variety of idioms to be experienced in Wuppertal during three weeks of celebration, the varied idioms of bodies and dance.

There was the ancient language of Indian dance, where every gesture has its well-defined meaning, and of dances from Bali, full of images of myth and legend, enchanting the Wuppertal theatre with the vibrant sound and colour of exotic lands.

With a quiet body language derived from butoh dancing, the Sankai Juku ensemble from Japan left a deep impression on the audience of Ushio Amagatsu's "Shijima". Covered in sand-coloured paint, the dancers with their mask-like, rigid faces and shaven heads do not betray even the trace of an emotion. Their infinitely slow movements seem to emanate from somewhere deep inside. As though life was awakening in beings of clay from the beginning of time, each gesture expresses the miracle of movement. In the background, the sound of wind heaves softly like the breath of the world. Again and again, in the wake of gyrating movements growing faster and faster, swirling up the sand lightly covering the stage, the dancers return to these meditative moments, dropping back from an expressive body language into silence.

A motionless silence lasting several minutes marked the beginning of the piece the Cloud Gate Dance Theatre had brought from Taipei, "Songs of the Wanderers". Grains of rice relentlessly pour from the flies, pelting down on the shaven head of a dancer who like a Buddhist monk remains immersed in mystic contemplation. As though he had reached the end of the long, laborious pilgrimage the dancers leaning on staffs and sticks still have before them. Striding or crawling along, carrying and supporting each other, they always meet in new, carefully composed formations. The choreographer Lin Hwai-min, who like Pina Bausch celebrated the 25th stage anniversary of his company in 1998, lets his dancers speak in dreamlike imagery of bodies.

25 Years of Tanztheater Wuppertal – Pina Bausch. Scenes of Celebration.

No anniversary without eulogies. The artistic director, the lord mayor, the secretary of state. Congratulations, grateful acknowledgements, attempts at putting into words what 25 years of Tanztheater Wuppertal means, 25 years in whose course Pina Bausch irrevocably changed whatever connotations the term "dance" may have for us. The audience listened politely. Then, a plump gentleman of mature age enters the stage, unrolls an old-fashioned school map, circles an area with his pointer and, in rolling accents, explains: "We will now show dances from the Carpathians. It is here that round dances first evolved."

Young men in black trousers and white shirts, young women with braids and bright aprons worn over skirts and blouses get into position. They dance. Arms akimbo, their torsos almost rigid, they move feet and legs with the greatest precision, in perfect harmony and without apparent effort, forming a single multipede body. The eight hundred people crowded into the full house of the Wuppertal theatre seem to be holding their breath. At the end of the very first dance, as soon as the band placed on the stage has played the final note, their concentrated tension finds relief in boundless jubilation.

When telling of this celebration – everyone simply called it the "Pina Bausch Celebration" – we cannot but focus on moments like these: moments when the distance between stage and audience seemed to close, when the dedication of the actors to their art kindled flames of enthusiasm in the hearts of the audience, as if they were all attached to a single fuse.

What the Honvéd Ensemble from Budapest was showing here was no dehydrated piece of folklore kept alive artificially. It was a wholly contemporary, thrilling expression of communal zest for life in a specific idiom, the idiom of folk dances. "For us, folk dances are a kind of mother tongue", said Ferenc Novák, the small friendly gentleman with the map who directs the ensemble.

When telling of this celebration, we also have to tell of the wide variety of idioms to be experienced in Wuppertal during three weeks of celebration, the varied idioms of bodies and dance.

There was the ancient language of Indian dance, where every gesture has its well-defined meaning, and of dances from Bali, full of images of myth and legend, enchanting the Wuppertal theatre with the vibrant sound and colour of exotic lands.

With a quiet body language derived from butoh dancing, the Sankai Juku ensemble from Japan left a deep impression on the audience of Ushio Amagatsu's "Shijima". Covered in sand-coloured paint, the dancers with their mask-like, rigid faces and shaven heads do not betray even the trace of an emotion. Their infinitely slow movements seem to emanate from somewhere deep inside. As though life was awakening in beings of clay from the beginning of time, each gesture expresses the miracle of movement. In the background, the sound of wind heaves softly like the breath of the world. Again and again, in the wake of gyrating movements growing faster and faster, swirling up the sand lightly covering the stage, the dancers return to these meditative moments, dropping back from an expressive body language into silence.

A motionless silence lasting several minutes marked the beginning of the piece the Cloud Gate Dance Theatre had brought from Taipei, "Songs of the Wanderers". Grains of rice relentlessly pour from the flies, pelting down on the shaven head of a dancer who like a Buddhist monk remains immersed in mystic contemplation. As though he had reached the end of the long, laborious pilgrimage the dancers leaning on staffs and sticks still have before them. Striding or crawling along, carrying and supporting each other, they always meet in new, carefully composed formations. The choreographer Lin Hwai-min, who like Pina Bausch celebrated the 25th stage anniversary of his company in 1998, lets his dancers speak in dreamlike imagery of bodies.

Ab 20. Januar 1999
Die Maßnahme

Kompanie sein 25jähriges Bühnenjubiläum feierte, läßt seine Tänzer in traumschönen Körper-Bildern sprechen.

„Mr. Puma" tanzt den Krieg. Sein „Danzare la Guerra", bei dem der Rotwein aus zwischen die Zähne geklemmten, randvollen Plastikbechern nach allen Seiten spritzt, ist wie ein von Schüssen getroffener wilder Taumel. Ein Mann schleppt sich auf Krücken zur Bühnenmitte und erzählt eine Geschichte, sie handelt davon, in einer Welt voll Haß die Liebe nicht zu verlernen. Er bedankt sich für das Geschenk, daß auch er existiert; auf dem Boden sitzend deutet er einen Tanz an. Bei den Tramps, auf der Straße, habe er eine Art Glück gefunden, das ihm neu war, erzählt Regisseur Pippo Delbono. Von diesem fremdartigen Glück, davon, wie man das Leben feiert, wenn man nichts hat als das Leben, handelt „Barboni", der „Zirkus aus Schauspielern und Vagabunden". Von verstörender Intensität ist ihre Sprache, lautstark und wild, dann wieder ganz leise trifft sie mitten ins Herz.

Sprechen die Frauen dieser Welt mit ihrem Körper, ihrem Tanz, eine eigene Sprache? An einem Abend, der vier großartige Tänzerinnen zusammenbrachte, konnte man der Frage nachspüren. Mui Cheuk-yin aus Hongkong tanzte wie verzaubert allein mit einem Papierschirm im Blütenregen. Ana Laguna aus der Truppe von Mats Ek in Stockholm tanzte gegen eine Wand an, hinter der sich der Mann ihrer quälenden Sehnsüchte verbirgt. Die stets mit dem Beinamen „Étoile de l'opéra de Paris" geschmückte Marie-Claude Pietragalla schlüpfte in Männerkleidung, spielte virtuos in bis zur Künstlichkeit überzeichneten Gesten mit den Rollen; sich unablässig verwandelnd bewegte sie sich tanzend zwischen den Geschlechtern, zwischen Jugend und Alter, zwischen Träumen und Erinnerungen. Und Eva Garrido, La Yerbabuena, tanzte den Flamenco mit allem Feuer, allem Stolz und aller Leidenschaft, deren eine Frau nur fähig sein kann.

Es solle ein Fest werden, kein Festival, hatte sich Pina Bausch gewünscht. Ein Fest mit Freunden, deren Kunst sie liebt und bewundert. Was zweifellos auf Gegenseitigkeit beruht. Denn alle sind sie gekommen, um mit ihr zu feiern: William Forsythe mit Tänzern aus Frankfurt, Anne Teresa de Keersmaeker aus Brüssel, die Pina zu Ehren ihr Stück „Fase" zum letzten Mal selbst tanzte, und Michail Baryschnikow, der ein Solo in Stille zelebrierte. Der brasilianische Sänger und Superstar Caetano Veloso, die Trance-Trommler aus Kerala, die Gypsy-Musiker aus Indien, Makedonien, Rumänien, die Capoeira-Kämpfer aus Brasilien und die jungen HipHop-Tänzer aus Berlin, Lyon, Paris. Yoshi Yamamoto brachte Karatekämpfer mit und hüllte die Wuppertaler Tänzerinnen und Tänzer in seine schwarzen Gewänder. Die Shaolin-Mönche aus dem Tempel in Songshan fuhren mit der Schwebebahn zum Opernhaus, und Tango-Star Tété tanzte im chronisch überfüllten Café Ada, dem Treffpunkt für das musikalische Nachtprogramm, bis in den frühen Morgen – mit Pina, mit den Tänzerinnen aus dem Ensemble und auch mit mancher Unbekannten, die die ersten, sicherlich unvergeßlichen Tango-Schritte ihres Lebens machte.

Und weil zu einem richtigen Fest nicht nur der Tanz gehört, sondern auch die Musik und auch, daß man gemeinsam ißt und trinkt, deshalb gab es das „Nachtprogramm". „Stimme und Lied" hieß es, und Peter Kowald, der mit seinem Baß ebenso auf den Bühnen der Welt zu Hause ist wie das Wuppertaler Tanztheater, hatte Musiker aus der ganzen Welt dafür an die Wupper geholt. Denn so wie Menschen auf der ganzen Welt tanzen, singen sie. Und so vielfältig wie die Sprachen des Tanzes, erklangen die Stimmen und die Lieder: der Obertongesang aus den sibirischen Steppen, Klarinette und Akkordeon von der Piazza, die Lieder aus den argentinischen Tangobars und von den Küsten des Mittelmeeres. Die traditionellen japanischen Gesänge zur Biwa, die experimentellen Gesänge aus den Clubs in San Francisco und der schwarze Jazz aus Harlem. Jakob Andersen brachte Gershwin-Songs mit und Anne Martin ihr Akkordeon und ihre eigenen, mediterranen Chansons. Sie, die so viele Stücke des Wuppertaler Tanztheaters mitgeprägt haben und das Ensemble nach vielen Jahren verlassen haben, kamen jetzt als Musiker wieder.

Andere langjährige Ensemble-Mitglieder, die inzwischen eigene Wege gehen, sah man im Publikum. Und wieder andere waren noch einmal als Gast auf der Bühne dabei. Malou Airaudo zum Beispiel, die wie in der Uraufführung 1974 noch einmal gemeinsam mit Dominique Mercy die Iphigenie tanzte. Josephine Ann Endicott, die wie vor beinahe zwanzig Jahren (und wie bei der ersten Wiederaufnahme von „Arien" 1985) wieder zum Nilpferd ins Wasserbassin stieg. Oder Jean-Laurent Sasportes, ohne den man sich „Café Müller" gar nicht mehr vorstellen mag: Ohne diese hilflose Traurigkeit in seinen

Kompanie sein 25jähriges Bühnenjubiläum feierte, läßt seine Tänzer in traumschönen Körper-Bildern sprechen.

„Mr. Puma" tanzt den Krieg. Sein „Danzare la Guerra", bei dem der Rotwein aus zwischen die Zähne geklemmten, randvollen Plastikbechern nach allen Seiten spritzt, ist, wie ein von Schüssen getroffener wilder Taumel. Ein Mann schleppt sich auf Krücken zur Bühnenmitte und erzählt eine Geschichte, sie handelt davon, in einer Welt voll Haß die Liebe nicht zu verlernen. Er bedankt sich für das Geschenk, daß auch er existiert; auf dem Boden sitzend deutet er einen Tanz an. Bei den Tramps, auf der Straße, habe er eine Art Glück gefunden, das ihm neu war, erzählt Regisseur Pippo Delbono. Von diesem fremdartigen Glück, davon, wie man das Leben feiert, wenn man nichts hat als das Leben, handelt „Barboni", der „Zirkus aus Schauspielern und Vagabunden". Von verstörender Intensität ist ihre Sprache, lautstark und wild, dann wieder ganz leise trifft sie mitten ins Herz.

Sprechen die Frauen dieser Welt mit ihrem Körper, ihrem Tanz, eine eigene Sprache? An einem Abend, der vier großartige Tänzerinnen zusammenbrachte, konnte man der Frage nachspüren. Mui Cheuk-yin aus Hongkong tanzte wie verzaubert allein mit einem Papierschirm im Blütenregen. Ana Laguna aus der Truppe von Mats Ek in Stockholm tanzte gegen eine Wand an, hinter der sich der Mann ihrer quälenden Sehnsüchte verbirgt. Die stets mit dem Beinamen „Étoile de l'opéra de Paris" geschmückte Marie-Claude Pietragalla schlüpfte in Männerkleidung, spielte virtuos in bis zur Künstlichkeit überzeichneten Gesten mit den Rollen; sich unablässig verwandelnd bewegte sie sich tanzend zwischen den Geschlechtern, zwischen Jugend und Alter, zwischen Träumen und Erinnerungen. Und Eva Garrido, La Yerbabuena, tanzte den Flamenco mit allem Feuer, allem Stolz und aller Leidenschaft, deren eine Frau nur fähig sein kann.

Es solle ein Fest werden, kein Festival, hatte sich Pina Bausch gewünscht. Ein Fest mit Freunden, deren Kunst sie liebt und bewundert. Was zweifellos auf Gegenseitigkeit beruht. Denn alle sind sie gekommen, um mit ihr zu feiern: William Forsythe mit Tänzern aus Frankfurt, Anne Teresa de Keersmaeker aus Brüssel, die Pina zu Ehren ihr Stück „Fase", zum letzten Mal selbst tanzte, und Michail Baryschnikow, der ein Solo in Stille zelebrierte. Der brasilianische Sänger und Superstar Caetano Veloso, die Trance-Trommler aus Kerala, die Gypsy-Musiker aus Indien, Makedonien, Rumänien, die Capoeira-Kämpfer aus Brasilien und die jungen HipHop-Tänzer aus Berlin, Lyon, Paris. Yoshi Yamamoto brachte Karatekämpfer mit und hüllte die Wuppertaler Tänzerinnen und Tänzer in seine schwarzen Gewänder. Die Shaolin-Mönche aus dem Tempel in Songshan fuhren mit der Schwebebahn zum Opernhaus, und Tango-Star Tété tanzte im chronisch überfüllten Café Ada, dem Treffpunkt für das musikalische Nachtprogramm, bis in den frühen Morgen – mit Pina, mit den Tänzerinnen aus dem Ensemble und auch mit mancher Unbekannten, die die ersten, sicherlich unvergeßlichen Tango-Schritte ihres Lebens machte.

Und weil zu einem richtigen Fest nicht nur der Tanz gehört, sondern auch die Musik und auch, daß man gemeinsam ißt und trinkt, deshalb gab es das „Nachtprogramm". „Stimme und Lied" hieß es, und Peter Kowald, der mit seinem Baß ebenso auf den Bühnen der Welt zu Hause ist wie das Wuppertaler Tanztheater, hatte Musiker aus der ganzen Welt dafür an die Wupper geholt. Denn so wie Menschen auf der ganzen Welt tanzen, singen sie. Und so vielfältig wie die Sprachen des Tanzes, erklangen die Stimmen und die Lieder: der Obertongesang aus den sibirischen Steppen, Klarinette und Akkordeon von der Piazza, die Lieder aus den argentinischen Tangobars und von den Küsten des Mittelmeeres. Die traditionellen japanischen Gesänge zur Biwa, die experimentellen Gesänge aus den Clubs in San Francisco und der schwarze Jazz aus Harlem. Jakob Andersen brachte Gershwin-Songs mit und Anne Martin ihr Akkordeon und ihre eigenen, mediterranen Chansons. Sie, die so viele Stücke des Wuppertaler Tanztheaters mitgeprägt haben und das Ensemble nach vielen Jahren verlassen haben, kamen jetzt als Musiker wieder.

Andere langjährige Ensemble-Mitglieder, die inzwischen eigene Wege gehen, sah man im Publikum. Und wieder andere waren noch einmal als Gast auf der Bühne dabei. Malou Airaudo zum Beispiel, die wie in der Uraufführung 1974 noch einmal gemeinsam mit Dominique Mercy die Iphigenie tanzte. Josephine Ann Endicott, die wie vor beinahe zwanzig Jahren (und wie bei der ersten Wiederaufnahme von „Arien" 1985) wieder zum Nilpferd ins Wasserbassin stieg. Oder Jean-Laurent Sasportes, ohne den man sich „Café Müller" gar nicht mehr vorstellen mag: Ohne diese hilflose Traurigkeit in seinen

"Mr Puma" dances war. His "Danzare la Guerra" splashes red wine from brimful plastic cups wedged between his teeth, a wild reel buffeted by gunfire. A man with crutches drags himself to centre stage and tells a story warning us not to forget love in a world full of hate. He says he is grateful for the gift of life; sitting on the floor, he sketches a sort of dance. With tramps on the road he found a type of happiness that was new to him, director Pippo Delbono tells us. "Barboni", the "Circus of Actors and Vagabonds", is about this strange happiness, about how to celebrate life when there is nothing but life itself. Their language is of disturbing intensity, vociferous and wild, then again gentle, making straight for the heart.

Do the women of this world speak their own language with their bodies, their dances? An evening bringing four great dancers together enabled us to explore this question. As though enchanted, Mui Cheuk-yin from Hong Kong danced through a rain of petals holding a sunshade. Ana Laguna of Mats Ek's company in Stockholm danced against a wall concealing the man of her painful longing. Marie-Claude Pietragalla, known by her well-earned epithet "Étoile de l'opéra de Paris", donned male dress to give a virtuoso performance of exaggerated gestures bordering on the artificial; playing with roles, constantly changing, she moved between genders, youth and age, dreams and memories. And Eva Garrido, La Yerbabuena, expressed all the fire, pride and passion a woman is capable of in her Flamenco.

It was to be a celebration, not a festival, as Pina Bausch had wished. A celebration with friends whose art she loves and admires — feelings that are undoubtedly mutual. For they all came to celebrate with her: William Forsythe with dancers from Frankfurt, Anne Teresa de Keersmaeker from Brussels, who honoured Pina by herself giving a final performance of her piece "Fase", and Mikhail Baryshnikov, who dedicated a solo of silence. The Brazilian singer and megastar Caetano Veloso, the trance drummers from Kerala, gipsy musicians from India, Macedonia, Rumania, Capoeira warriors from Brazil and young hip-hop dancers from Berlin, Lyons, Paris. Yoshi Yamamoto brought karate fighters and wrapped the dancers of the Tanztheater Wuppertal in his black robes. The Shaolin monks from the temple at Songshan boarded the famous Schwebebahn (suspension railway) for the opera house, and tango star Tété danced the night away at the chronically overcrowded Café Ada — with Pina, with dancers from the ensemble and also with many an unknown partner taking the first, certainly unforgettable tango steps of her life.

And since a proper celebration includes not only dancing, but also music and that people get together to eat and drink, there was the "Night Programme", "Voice and Song", it was called, and Peter Kowald, whose bass is just as much at home on the world's stages as the Tanztheater Wuppertal, had invited musicians from all corners of the world. For people throughout the world not only dance, they also sing. Voices and songs were heard, as varied as the many idioms of dance: overtone singing from the Siberian Steppes, clarinet and accordion from the piazza, the songs of Argentinean tango bars and from the coasts of the Mediterranean. Traditional Japanese songs accompanied by the biwa, experimental singing from San Francisco clubs and black jazz from Harlem. Jakob Andersen brought songs by George Gershwin and Anne Martin her accordion and her own, Mediterranean chansons. Having left their mark on so many pieces performed by the Tanztheater Wuppertal and withdrawn from the ensemble after so many years, they now returned as musicians.

Other long-term members of the ensemble who have gone their own ways were to be seen among the audience. And still others participated as guests on stage. Malou Airaudo for example, who danced Iphigenia with Dominique Mercy as she had in the premiere in 1974. Josephine Ann Endicott, who joined the hippopotamus in the pool as she had almost twenty years ago (and on the occasion of the first revival of "Arien" in 1985). And Jean-Laurent Sasportes, without whom we cannot even imagine "Café Müller": without the helpless sadness in his face, without his breathlessly anxious concern in moving chairs out of the way of somnambulant dancers stumbling along, so vulnerable in their thin shirts.

When telling of the Pina Bausch celebration, there is of course no way around speaking of Pina Bausch and the Tanztheater Wuppertal. Not of the beginnings, however, of the door-slamming outrage Wuppertal audiences felt in the early years and the late love

"Mr Puma" dances war. His "Danzare la Guerra" splashes red wine from brimful plastic cups wedged between his teeth, a wild reel buffeted by gunfire. A man with crutches drags himself to centre stage and tells a story warning us not to forget love in a world full of hate. He says he is grateful for the gift of life; sitting on the floor, he sketches a sort of dance. With tramps on the road he found a type of happiness that was new to him, director Pippo Delbono tells us. "Barboni", the "Circus of Actors and Vagabonds", is about this strange happiness, about how to celebrate life when there is nothing but life itself. Their language is of disturbing intensity, vociferous and wild, then again gentle, making straight for the heart.

Do the women of this world speak their own language with their bodies, their dances? An evening bringing four great dancers together enabled us to explore this question. As though enchanted, Mui Cheuk-yin from Hong Kong danced through a rain of petals holding a sunshade. Ana Laguna of Mats Ek's company in Stockholm danced against a wall concealing the man of her painful longing. Marie-Claude Pietragalla, known by her well-earned epithet "Étoile de l'opéra de Paris", donned male dress to give a virtuoso performance of exaggerated gestures bordering on the artificial; playing with roles, constantly changing, she moved between genders, youth and age, dreams and memories. And Eva Garrido, La Yerbabuena, expressed all the fire, pride and passion a woman is capable of in her Flamenco.

It was to be a celebration, not a festival, as Pina Bausch had wished. A celebration with friends whose art she loves and admires – feelings that are undoubtedly mutual. For they all came to celebrate with her: William Forsythe with dancers from Frankfurt, Anne Teresa de Keersmaeker from Brussels, who honoured Pina by herself giving a final performance of her piece "Fase", and Mikhail Baryshnikov, who dedicated a solo of silence. The Brazilian singer and megastar Caetano Veloso, the trance drummers from Kerala, gipsy musicians from India, Macedonia, Rumania, Capoeira warriors from Brazil and young hip-hop dancers from Berlin, Lyons, Paris. Yoshi Yamamoto brought karate fighters and wrapped the dancers of the Tanztheater Wuppertal in his black robes. The Shaolin monks from the temple at Songshan boarded the famous Schwebebahn (suspension railway) for the opera house, and tango star Tété danced the night away at the chronically overcrowded Café Ada – with Pina, with dancers from the ensemble and also with many an unknown partner taking the first, certainly unforgettable tango steps of her life.

And since a proper celebration includes not only dancing, but also music and that people get together to eat and drink, there was the "Night Programme". "Voice and Song" it was called, and Peter Kowald, whose bass is just as much at home on the world's stages as the Tanztheater Wuppertal, had invited musicians from all corners of the world. For people throughout the world not only dance, they also sing. Voices and songs were heard, as varied as the many idioms of dance: overtone singing from the Siberian Steppes, clarinet and accordion from the piazza, the songs of Argentinean tango bars and from the coasts of the Mediterranean. Traditional Japanese songs accompanied by the biwa, experimental singing from San Francisco clubs and black jazz from Harlem. Jakob Andersen brought songs by George Gershwin and Anne Martin her accordion and her own, Mediterranean chansons. Having left their mark on so many pieces performed by the Tanztheater Wuppertal and withdrawn from the ensemble after so many years, they now returned as musicians.

Other long-term members of the ensemble who have gone their own ways were to be seen among the audience. And still others participated as guests on stage. Malou Airaudo for example, who danced Iphigenia with Dominique Mercy as she had in the premiere in 1974. Josephine Ann Endicott, who joined the hippopotamus in the pool as she had almost twenty years ago (and on the occasion of the first revival of "Arien" in 1985). And Jean-Laurent Sasportes, without whom we cannot even imagine "Café Müller": without the helpless sadness in his face, without his breathlessly anxious concern in moving chairs out of the way of somnambulant dancers stumbling along, so vulnerable in their thin shirts.

When telling of the Pina Bausch celebration, there is of course no way around speaking of Pina Bausch and the Tanztheater Wuppertal. Not of the beginnings, however, of the door-slamming outrage Wuppertal audiences felt in the early years and the late love

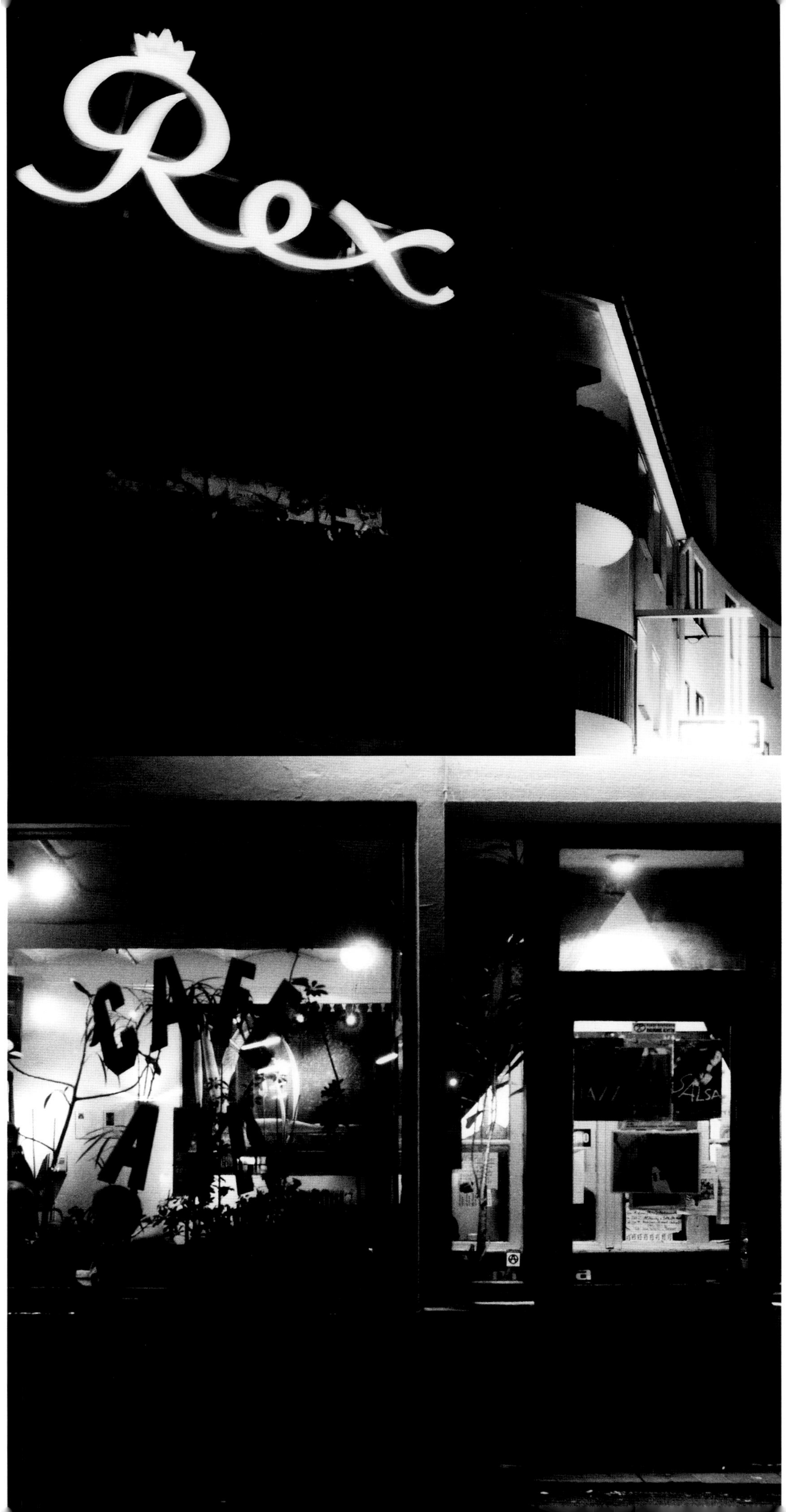
Rex
SALSA

Gesichtszügen, ohne diese atemlos ängstliche Besorgnis, mit der er den somnambul vor sich hinstolpernden, in ihren dünnen Hemdchen so ungeschützten Tänzerinnen die Stühle aus dem Weg räumt.

Wer vom Pina Bausch-Fest erzählen will, kommt zum Schluß natürlich nicht daran vorbei, von Pina Bausch und dem Tanztheater Wuppertal zu sprechen. Aber nicht davon, wie alles anfing, nicht von der türeknallenden Empörung des Wuppertaler Publikums in den frühen Jahren und der spätentdeckten Liebe zu „seinem" Tanztheater. Vielmehr von dem, was sich beim Blick auf Stücke aus 25 Jahren so deutlich zeigt: Daß diese Stücke nicht altern. Obwohl, oder vielleicht gerade weil, die Tänzer mit ihnen älter werden dürfen: Sie sind es, die diese Stücke immer neu mit ihrem gelebten Leben füllen. Und obwohl, oder vielleicht gerade weil, immer neue junge Tänzer hinzukommen, die die Stücke mit der Kraft und Verletzlichkeit ihres noch unverbrauchten Lebens beleben. Weil es Pina Bausch gelingt, beides in einer schwebenden Balance miteinander ins Gleichgewicht zu bringen. Und weil die von ihr gefundenen Bilder in jene existentielle Dimension des Menschseins hineinreichen, die der Zeit nicht unterworfen ist.

Egal ob die Bühne mit Erde bedeckt ist, unter Wasser steht oder unter Blüten verschwindet, egal in welchem Land das Ensemble einen Teil der Probenarbeit verbracht und Eindrücke dabei verarbeitet hat – die Stücke des Wuppertaler Tanztheaters spielen immer in dem weiten Land, das man Seele nennt. „Beschreiben Sie mit drei Worten das Land, aus dem Sie stammen", lautete eine Anweisung an die Tänzer in „1980". „Wilhelm Tell, Müsli, Sanatorium", erwiderte Urs Kaufmann. Und Mechthild Großmann: „Adenauer, Beckenbauer, Schopenhauer". Welche drei Worte beschreiben das Land, das man in jeder Vorstellung des Wuppertaler Tanztheaters betritt?

Liebe, Angst, Tod. Trauer, Schmerz, Spiel. Gewalt, Schönheit, Verzweiflung. Kindheit, Wut, Witz. Mut, Lust, Not. Suchen, Finden, Verlieren. Leben, Lachen, Tanzen. Berühren, Verletzen, Beschützen. Versuchen, Verpassen, Verlassen. Leichtigkeit, Zärtlichkeit, Vergeblichkeit. Sehnsucht, Hoffnung, Einsamsein. Männer, Frauen, Nilpferd.

Unendlich sind die möglichen Mischungsverhältnisse. Beim Blick auf Stücke aus 25 Jahren zeigt sich auch die Veränderung in der Grundstimmung der einzelnen Stücke. Heller ist sie geworden, farbiger und leichter, nicht mehr alles Schöne hat einen Stachel. Manche werfen Pina Bausch das vor. Doch gibt es bei ihr nie das eine ganz ohne das andere, heute so wenig wie früher. Nur die Gewichtung ist eine andere geworden. Vielleicht, weil Pina Bausch ein Gespür dafür hat, daß wir mehr denn je die Schönheit brauchen. Weil die Schönheit leben hilft.

Beinahe die ganze Welt haben Pina Bausch und ihr Ensemble bereist in dieser 25 Jahren. Es scheint, als seien diese Reisen für die Choreographin nicht nur Tourneen gewesen, sondern Expeditionen. Forschungs- und Entdeckungsreisen, die der einen Frage nachgehen: Wie machen die Menschen das – „leben"? Und auch: Wie machen die Menschen das – „tanzen"? (was auf dasselbe herauskommt). Doch nie ist ihr Blick auf die Menschen analysierend kühl. Immer ist es ein liebender, zärtlicher Blick, voll Staunen und Bewunderung für das, was Menschen alles hervorbringen und was den Reichtum der Welt ausmacht. Vieles von dem, was sie erfahren hat, hat Pina Bausch sich anverwandelt und in ihren Stücken gemeinsam mit ihren Tänzerinnen und Tänzern zu Eigenem umgeschaffen. Und einiges von dem Reichtum ihrer Entdeckungsreisen hat Pina Bausch zum gemeinsamen Fest nach Wuppertal geholt. Ihrem Publikum hat sie damit ein wunderbares Geschenk gemacht.

Anne-Kathrin Reif

Gesichtszügen, ohne diese atemlos ängstliche Besorgnis, mit der er den somnambul vor sich hinstolpernden, in ihren dünnen Hemdchen so ungeschützten Tänzerinnen die Stühle aus dem Weg räumt.

Wer vom Pina Bausch-Fest erzählen will, kommt zum Schluß natürlich nicht daran vorbei, von Pina Bausch und dem Tanztheater Wuppertal zu sprechen. Aber nicht davon, wie alles anfing, nicht von der türkenallenden Empörung des Wuppertaler Publikums in den frühen Jahren und der spätentdeckten Liebe zu „seinem" Tanztheater. Vielmehr von dem, was sich beim Blick auf Stücke aus 25 Jahren so deutlich zeigt: Daß diese Stücke nicht altern. Obwohl, oder vielleicht gerade weil, die Tänzer mit ihnen älter werden dürfen: Sie sind es, die diese Stücke immer neu mit ihrem gelebten Leben füllen. Und obwohl, oder vielleicht gerade weil, immer neue junge Tänzer hinzukommen, die die Stücke mit der Kraft und Verletzlichkeit ihres noch unverbrauchten Lebens beleben. Weil es Pina Bausch gelingt, beides in einer schwebenden Balance miteinander ins Gleichgewicht zu bringen. Und weil die von ihr gefundenen Bilder in jene existentielle Dimension des Menschseins hineinreichen, die der Zeit nicht unterworfen ist.

Egal ob die Bühne mit Erde bedeckt ist, unter Wasser steht oder unter Blüten verschwindet, egal in welchem Land das Ensemble einen Teil der Probenarbeit verbracht und Eindrücke dabei verarbeitet hat – die Stücke des Wuppertaler Tanztheaters spielen immer in dem weiten Land, das man Seele nennt. „Beschreiben Sie mit drei Worten das Land, aus dem Sie stammen.", lautete eine Anweisung an die Tänzer in „1980". „Wilhelm Tell, Müsli, Sanatorium.", erwiderte Urs Kaufmann. Und Mechthild Großmann: „Adenauer, Beckenbauer, Schopenhauer.". Welche drei Worte beschrieben das Land, das man in jeder Vorstellung des Wuppertaler Tanztheaters betritt?

Liebe, Angst, Tod. Trauer, Schmerz, Spiel. Gewalt, Schönheit, Verzweiflung, Kindheit. Wut, Witz, Mut, Lust, Not. Suchen, Finden, Verlieren. Leben, Lachen, Tanzen. Berühren, Verletzen, Beschützen. Versuchen, Verpassen, Verlassen. Leichtigkeit, Zärtlichkeit, Verbeblichkeit. Sehnsucht, Hoffnung, Einsamsein. Männer, Frauen, Nilpferd.

Unendlich sind die möglichen Mischungsverhältnisse. Beim Blick auf Stücke aus 25 Jahren zeigt sich auch die Veränderung in der Grundstimmung der einzelnen Stücke. Heller ist sie geworden, farbiger und leichter, nicht mehr alles Schöne hat einen Stachel. Manche werfen Pina Bausch das vor. Doch gibt es bei ihr nie das eine ganz ohne das andere, heute so wenig wie früher. Nur die Gewichtung ist eine andere geworden. Vielleicht, weil Pina Bausch ein Gespür dafür hat, daß wir mehr denn je die Schönheit brauchen. Weil die Schönheit leben hilft.

Beinahe die ganze Welt haben Pina Bausch und ihr Ensemble bereist in diesen 25 Jahren. Es scheint, als seien diese Reisen für die Choreographin nicht nur Tourneen gewesen, sondern Expeditionen. Forschungs- und Entdeckungsreisen, die der einen Frage nachgehen: Wie machen die Menschen das – „leben"? Und auch: Wie machen die Menschen das – „tanzen"? (was auf dasselbe herauskommt). Doch nie ist ihr Blick auf die Menschen analysierend kühl. Immer ist es ein liebender, zärtlicher Blick, voll Staunen und Bewunderung für das, was Menschen alles hervorbringen und was den Reichtum der Welt ausmacht. Vieles von dem, was sie erfahren hat, hat Pina Bausch sich anverwandelt und in ihren Stücken gemeinsam mit ihren Tänzerinnen und Tänzern zu Eigenem umgeschaffen. Und einiges von dem Reichtum ihrer Entdeckungsreisen hat Pina Bausch zum gemeinsamen Fest nach Wuppertal geholt. Ihrem Publikum hat sie damit ein wunderbares Geschenk gemacht.

Anne-Kathrin Reif

they discovered towards "their" Tanztheater. Of something, rather, that becomes clearly evident in a view across pieces from 25 years: they do not age. Even though, or perhaps because the dancers have been allowed to age with them. It is they who keep pouring the life they lived into these pieces. And even though, or perhaps because new, younger dancers join in who animate the pieces with the vitality and vulnerability of their untouched lives. Because Pina Bausch successfully balances the two in a floating equilibrium. And because she finds the images that reach into that essential dimension of human existence that time cannot touch.

No matter whether the stage is covered with earth, flooded with water or petals, no matter where the ensemble rehearsed and assimilated new impressions – the pieces performed by the Tanztheater Wuppertal are always set in that far country we call the soul. "Describe the country you come from in three words.", a direction for the dancers in "1980." demanded. "Wilhelm Tell, muesli, sanatorium.", Urs Kaufmann countered. And Mechtild Großmann: "Adenauer, Beckenbauer, Schopenhauer.". Which are the three words that describe the country we enter at each performance of the Tanztheater Wuppertal?

Love, fear, death, Sorrow, pain, play, Violence, beauty, despair, Childhood, anger, wit. Courage, passion, need, Seek, find, lose, Live, laugh, dance, Touch, hurt, shield, Attempt, fail, abandon, Serenity, caress, futility, Longing, hope, solitude, Men, women, hippopotamus.

The permutations are endless. A view across pieces from 25 years also reveals the changes in the underlying mood. It has grown lighter, more colourful and gay. Not every rose has thorns. For some, this makes a case against Pina Bausch. But with her, the one never wholly exists without the other, today no less than in the past. Only the balance is different. Perhaps because Pina Bausch senses that we need beauty, more than ever. For beauty helps us survive.

In the course of 25 years, Pina Bausch and her company have travelled almost the entire world. It would seem that for the choreographer these journeys were not only tours, but expeditions. Journeys of discovery exploring the one question: how do people do this thing – "to live."? And also: how do people do this thing – "to dance."? (which is the same in the end.). But her gaze on people is never one of cool analysis. It is always a loving tender gaze, full of wonder and admiration for human creativity and for what it is that makes the world so plentiful. Much of what she has experienced Pina Bausch has absorbed into her pieces and, working with her dancers, transformed into something entirely her own. And some of the plenty she experienced on her journeys of exploration Pina Bausch brought to the joint celebration at Wuppertal. To her audience, she thus gave a wonderful gift.

Anne-Kathrin Reif
Translated by Nina Hausmann

they discovered towards "their" Tanztheater. Of something, rather, that becomes clearly evident in a view across pieces from 25 years: they do not age. Even though, or perhaps because the dancers have been allowed to age with them. It is they who keep pouring the life they lived into these pieces. And even though, or perhaps because new, younger dancers join in who animate the pieces with the vitality and vulnerability of their untouched lives. Because Pina Bausch successfully balances the two in a floating equilibrium. And because the images she finds reach into that essential dimension of human existence that time cannot touch.

No matter whether the stage is covered with earth, flooded with water or petals, no matter where the ensemble rehearsed and assimilated new impressions – the pieces performed by the Tanztheater Wuppertal are always set in that far country we call the soul. "Describe the country you come from in three words", a direction for the dancers in "1980" demanded. "Wilhelm Tell, muesli, sanatorium", Urs Kaufmann countered. And Mechthild Großmann: "Adenauer, Beckenbauer, Schopenhauer". Which are the three words that describe the country we enter at each performance of the Tanztheater Wuppertal?

Love, fear, death. Sorrow, pain, play. Violence, beauty, despair. Childhood, anger, wit. Courage, passion, need. Seek, find, lose. Live, laugh, dance. Touch, hurt, shield. Attempt, fail, abandon. Serenity, caress, futility. Longing, hope, solitude. Men, women, hippopotamus.

The permutations are endless. A view across pieces from 25 years also reveals the changes in the underlying mood. It has grown lighter, more colourful and gay. Not every rose has thorns. For some, this makes a case against Pina Bausch. But with her, the one never wholly exists without the other, today no less than in the past. Only the balance is different. Perhaps because Pina Bausch senses that we need beauty more than ever. For beauty helps us survive.

In the course of 25 years, Pina Bausch and her company have travelled almost the entire world. It would seem that for the choreographer these journeys were not only tours, but expeditions. Journeys of discovery exploring the one question: how do people do this thing – "to live"? And also: how do people do this thing – "to dance"? (which is the same in the end). But her gaze on people is never one of cool analysis. It is always a loving, tender gaze, full of wonder and admiration for human creativity and for what it is that makes the world so plentiful. Much of what she has experienced Pina Bausch has absorbed into her pieces and, working with her dancers, transformed into something entirely her own. And some of the plenty she experienced on her journeys of exploration Pina Bausch brought to the joint celebration at Wuppertal. To her audience, she thus gave a wonderful gift.

Anne-Kathrin Reif
Translated by Nina Hausmann

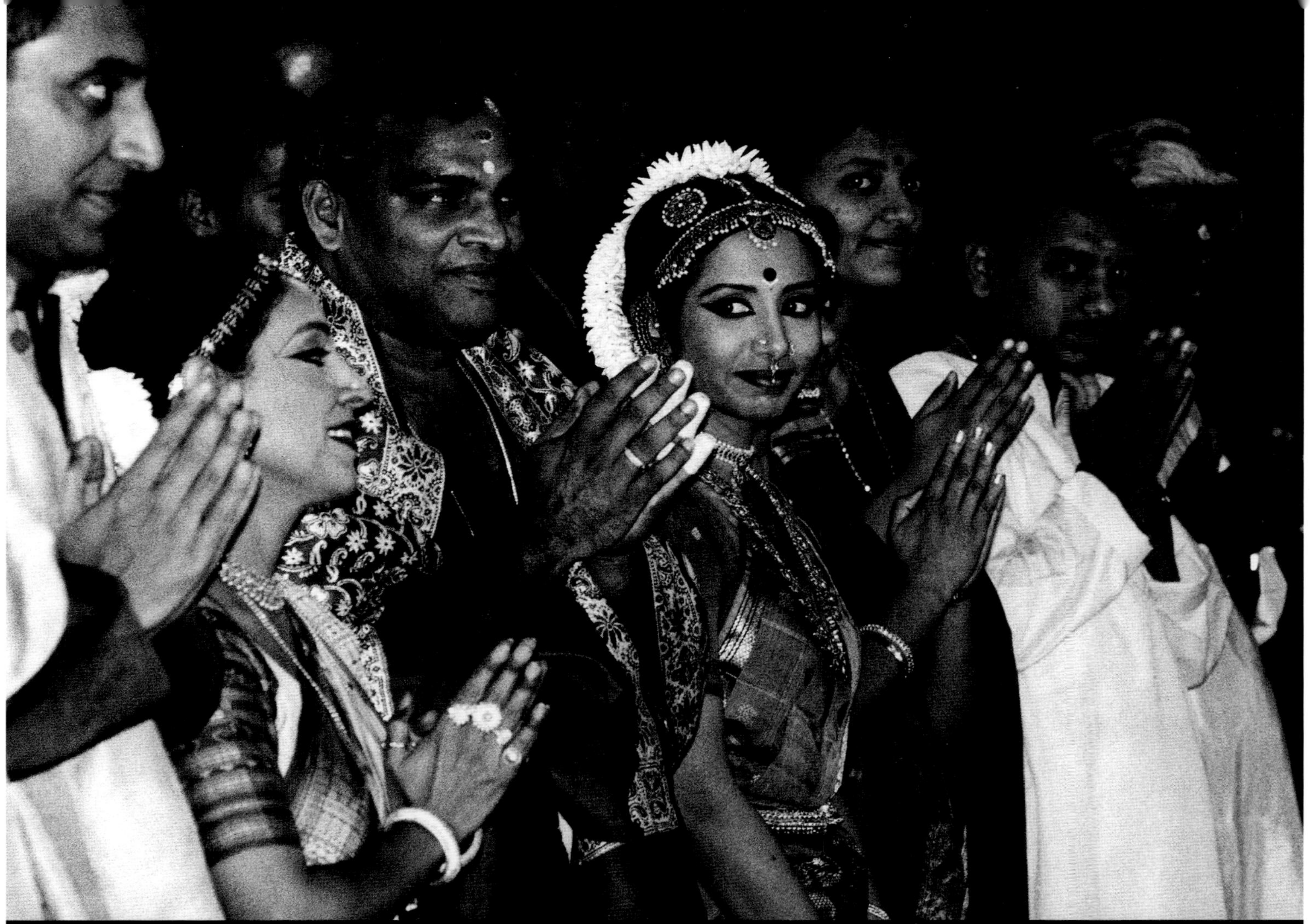

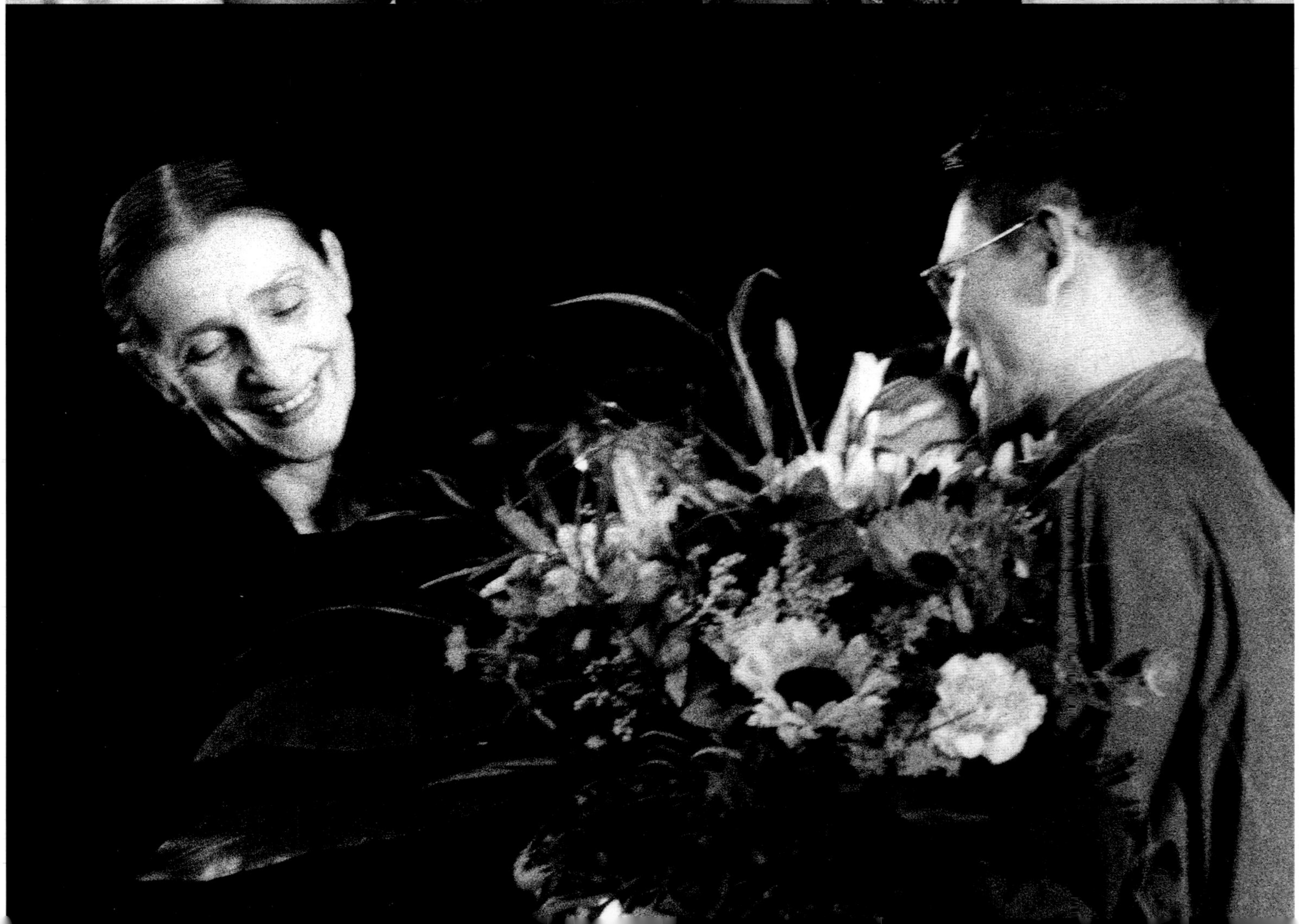

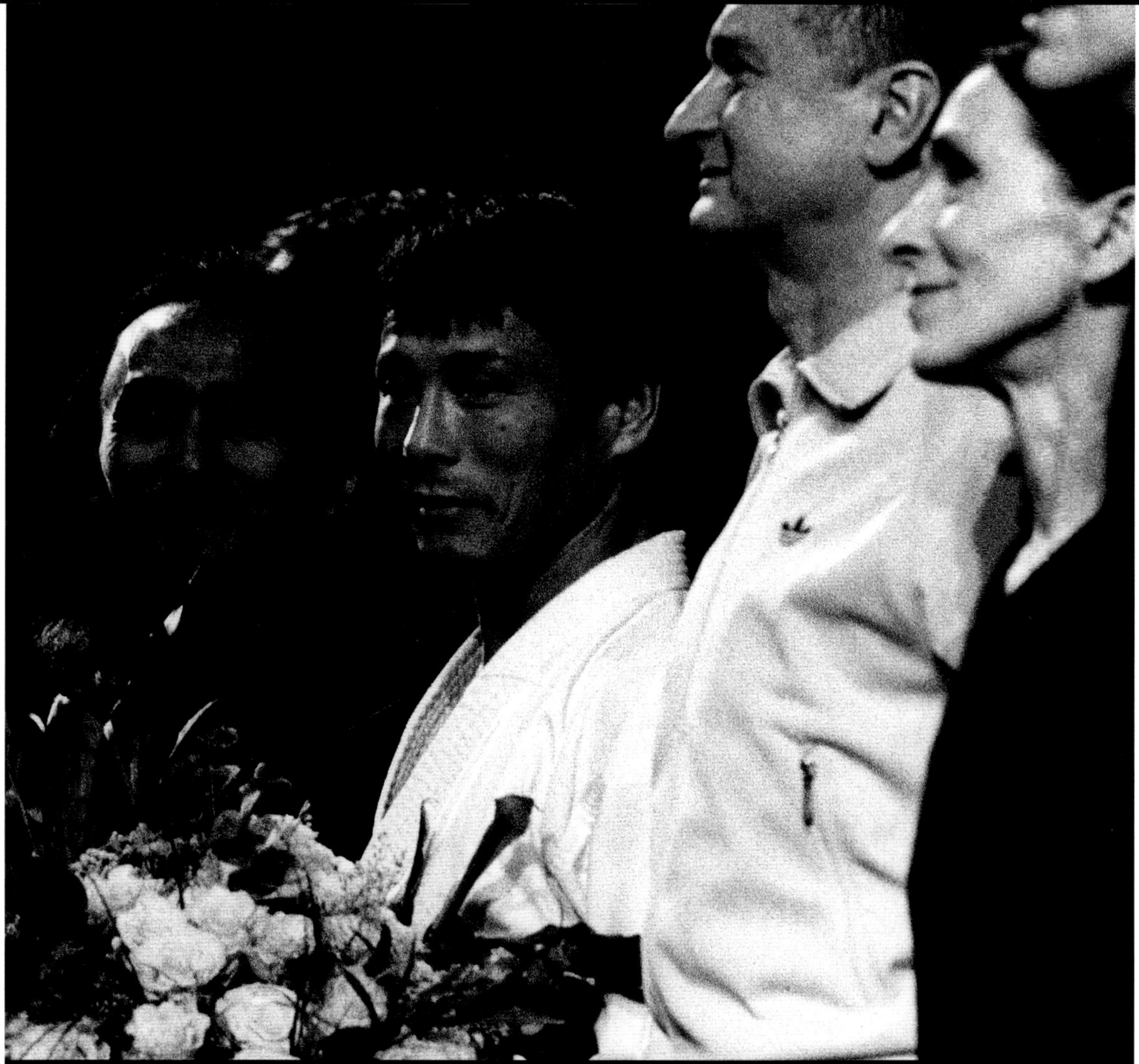
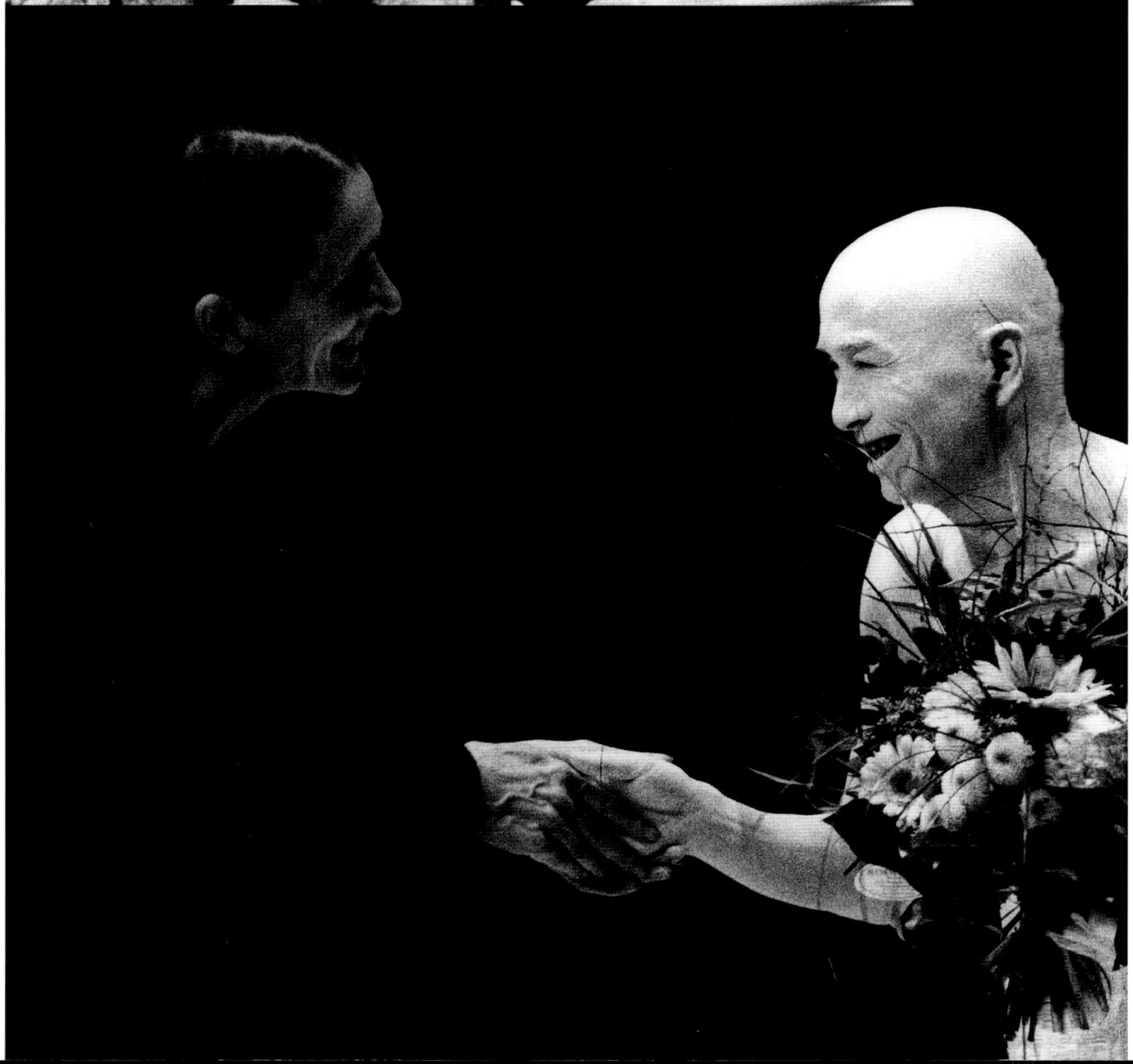

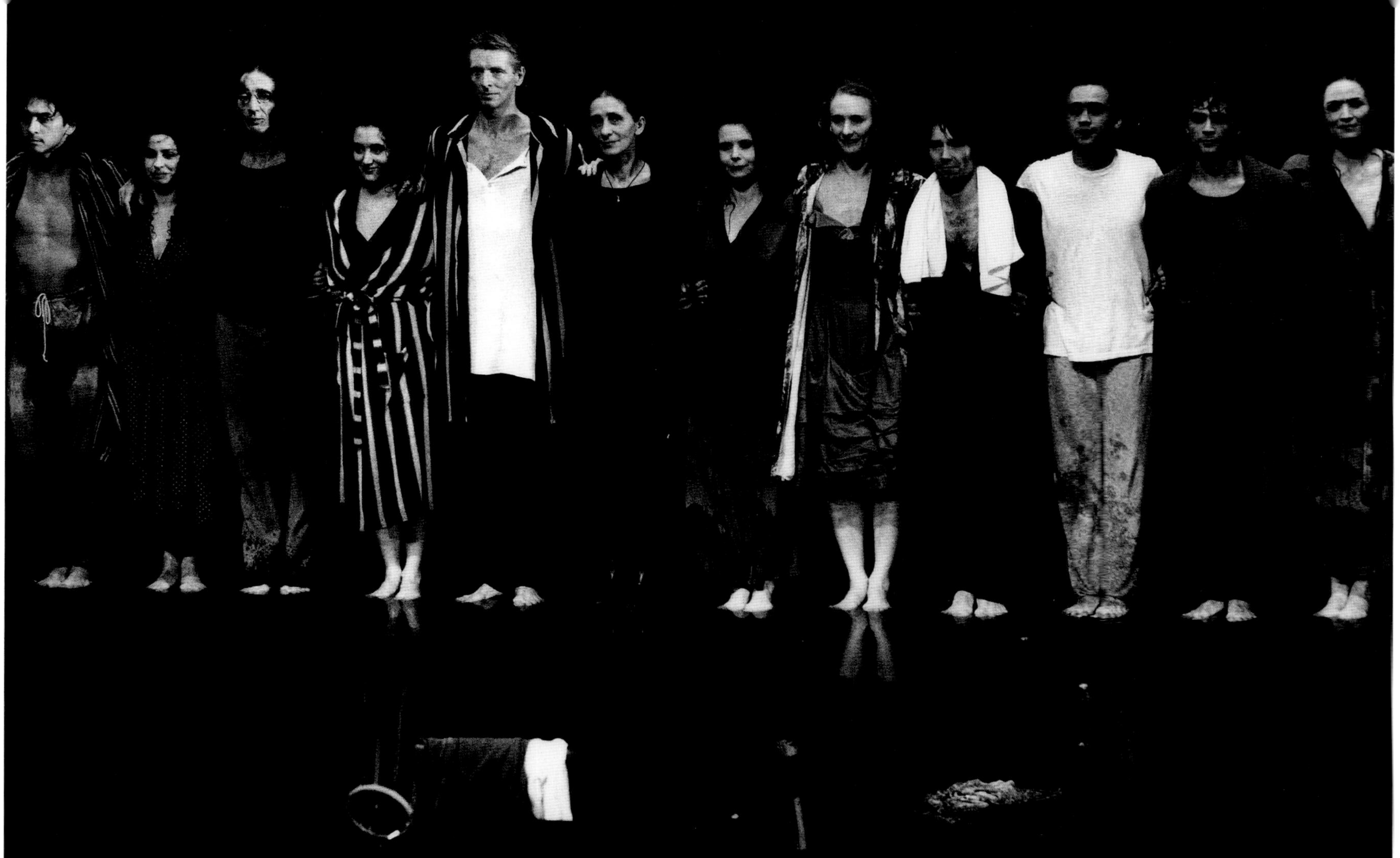
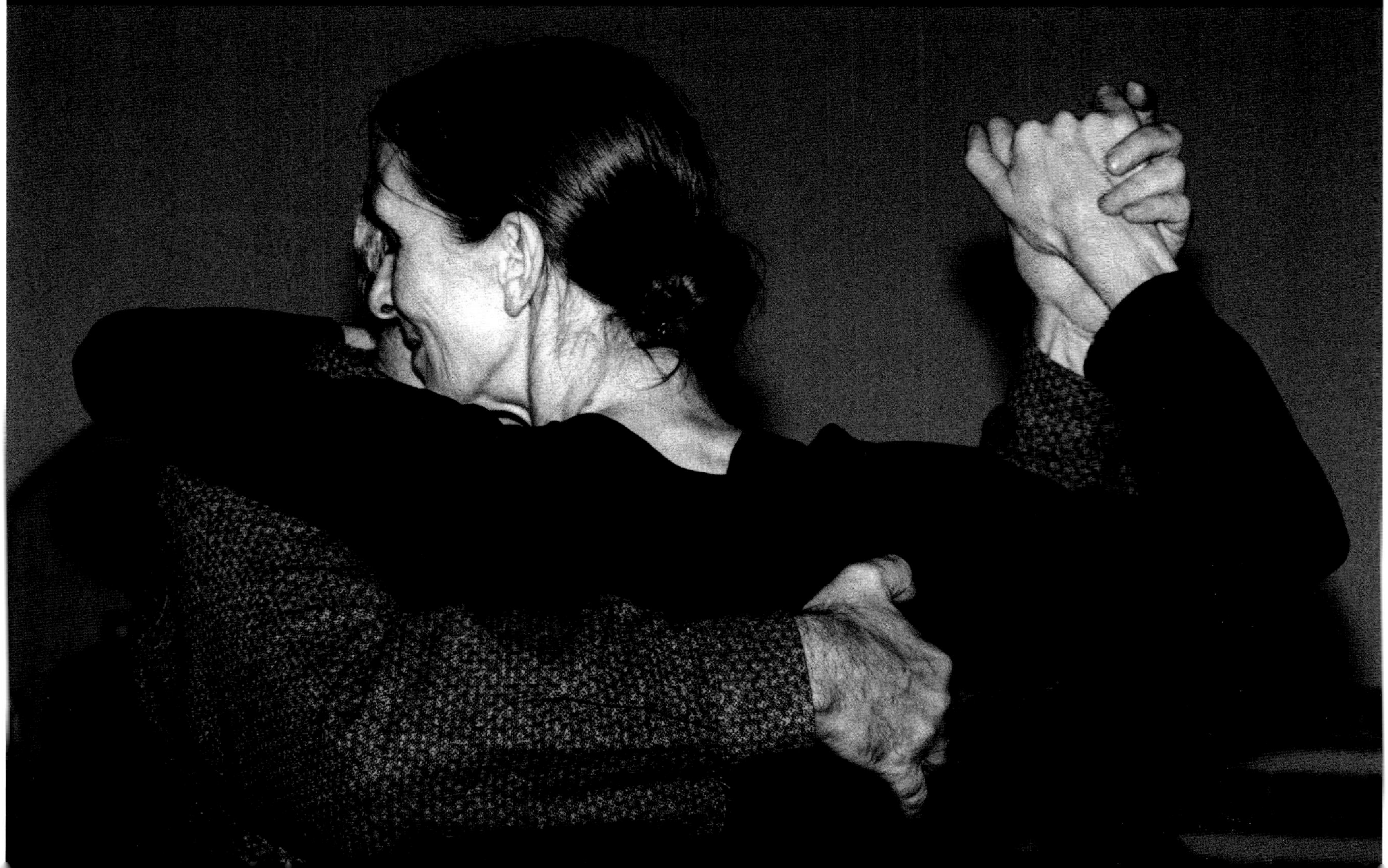

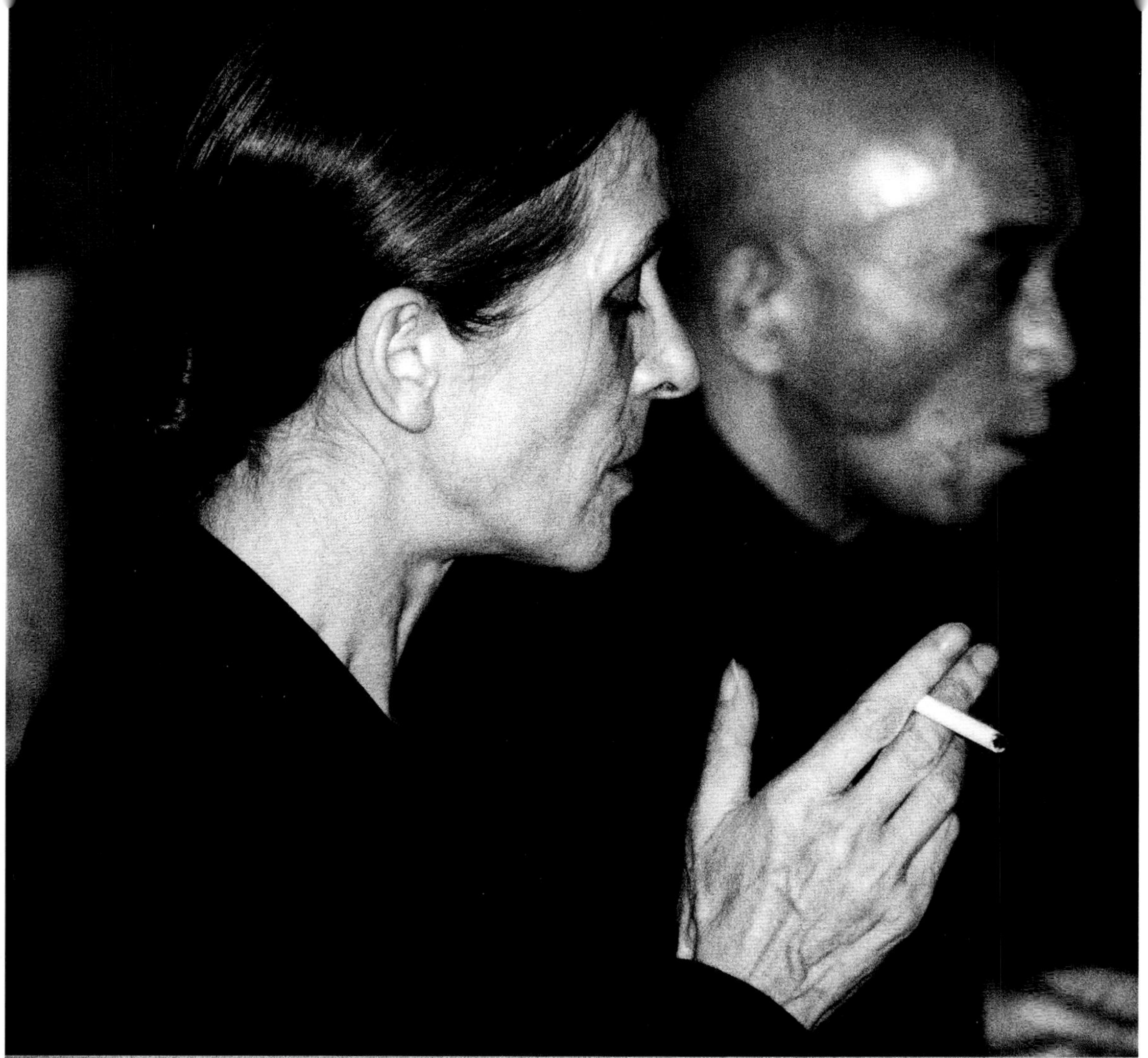
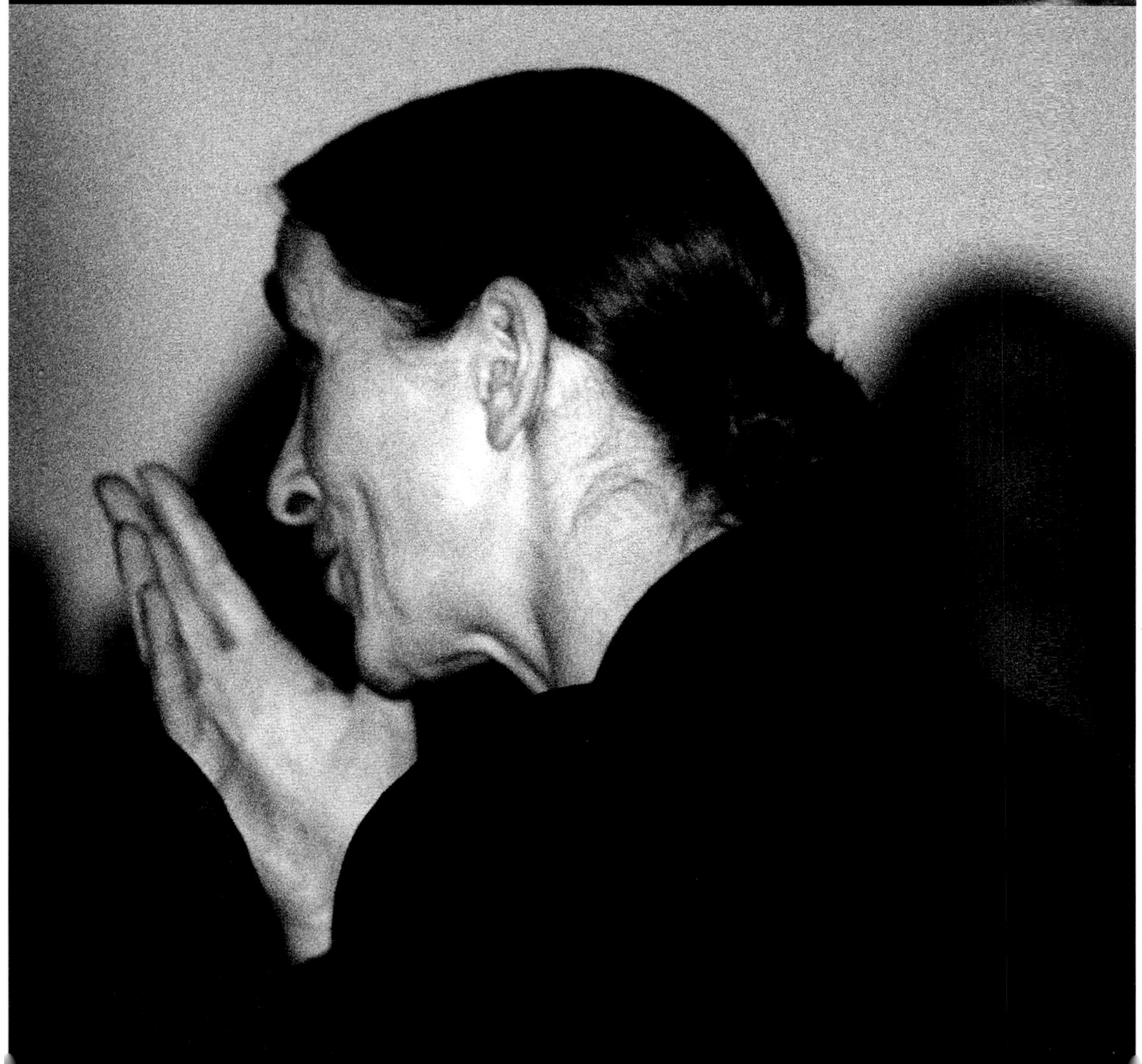

Wir danken dem Tanztheater Wuppertal, Hans Viehoff, Martin Bata Koiky, Christoph Hegerath,

Patrick Behrens, der Stadtsparkasse Wuppertal, der Kunsthochschule für Medien, Köln.

Die Deutsche Bibliothek – CIP-Einheitsaufnahme

Pina Bausch – Ein Fest. Fotografien von Jochen Viehoff / hrsg. von Meike Nordmeyer und Oliver Weckbrodt. Wuppertal: Müller + Busmann, 2000

ISBN 3-928766-41-4

NE: Nordmeyer, Meike; Pina Bausch – Ein Fest.

Gestaltung: Helmut Kiesewetter

Technische Umsetzung: Patrick Behrens

Druck: Druckhaus Ley + Wiegandt, Wuppertal

Verlag: Müller + Busmann, Wuppertal

© 2000 Nordmeyer + Kiesewetter + Viehoff + Weckbrodt

© Fotografien: Jochen Viehoff – Texte: bei den Autoren

Alle Rechte, insbesondere das Recht der Vervielfältigung und Verbreitung sowie der Übersetzung, vorbehalten. Kein Teil dieses Werkes darf in irgendeiner Form ohne schriftliche Genehmigung der Herausgeber reproduziert oder unter Verwendung elektronischer Systeme verarbeitet, verbreitet oder vervielfältigt werden.

ISBN 3-928766-41-4